집공부 강화서

1등급으로 가는 공부법

강화서 (強化書)

★ 하이치 지음
★ 전경아 옮김

채널 등록자수 167만명

동영상 총 재생 횟수 3억뷰 돌파

국어 공부할 때 주의할 점은

수학을 잘하려면 어떻게…

영어는 어디서부터 시작해야할까

★ 日 유명 YouTuber의 집에서 학습력 키우는 비법 ★

학원에 가지 않아도 성적이 쑥쑥! 노력이 보상받는 공부법과 습관을 얻는다!

지상사 Jisangsa

나의 수업 동영상을 보면 성적이 올라간다!

공부를 못한다면 그 방식에 문제가 있는 것이다

"공부는 왜 해야 하나요?

이런 질문을 받으면 저는 보통 이렇게 대답합니다.

"공부는 꾸준히 노력하면 바로 좋은 결과가 나오는 가장 쉽고 빠른 길이에요."

학교생활에서는 동아리 활동과 공부가 큰 비중을 차지합니다. 물론 동아리 활동도 노력하면 결과가 나오지만 키가 작으면 농구나 배구를 할 때 남들보다 버거울 뿐 아니라, 재능의 차이를 느끼고 벽에 부딪히는 순간도 자주 겪게 됩니다.

반면 공부는 딱히 특별한 재능이 없어도 시험에서 이전보다 좋은 점수를 받거나 확실하게 성적을 올릴 수 있습니다. 게다가 이런 경험은 학교를 졸업한 뒤의 인생까지 영향을 미치는 아주 중요한 성공체험이라고 할 수 있습니다.

저는 학원강사와 가정교사를 하면서 학생을 가르쳐왔고 지금도 유튜브에 수업 동영상을 올리고 있습니다. 이렇게 쭉 학생들의 모습을 지켜보면서 공부에 들인 노력은 절대 배신하지 않는다고 굳게 믿게 되었습니다.

돈을 많이 들이지 않아도 공부는 할 수 있다

그래서 집에서 공부하는 '집공부'를 꼭 배웠으면 하는 것입니다. 이 힘은 학생들의 학력과도 크게 관련이 있습니다.

'집공부'가 갑자기 스포트라이트를 받기 시작한 것은 2020년 3월, 신종 코로나바이러스의 영향으로 전국에 일제 휴교령이 내려지고 나서부터였습니다. 하지만 그 전부터 여러 가지 의미에서 아주 중요한 공부법이었습니다.

다달이 수업료를 내고 통신교육을 받거나, 인기 학원에 다니는 것만이 공부는 아닙니다.

'경제 격차는 교육 격차를 낳는다'는 연구 데이터가 있지만 요즘 시대에는 제가 올린 수업 동영상을 비롯하여 다양한 사람들이 올린 다양한 공부법을 인터넷을 통해 무료로 볼 수 있습니다.

그러한 다양한 수단을 이용하여 집에서 학습으로 성과를 내는 힘을 기르면 돈을 들이지 않아도 성적을 올릴 수 있습니다. 오히려 학원을 왔다갔다하는 시간을 공부에 쏟아 부을 수 있고 자신의 페이스에 맞게 시간도 자유롭게 배분할 수도 있습니다.

나아가 집에서 학습을 하게 되면 자연스럽게 알아서 공부하는 주체적인 자세가 생깁니다.

'누가 시켜서 하는' 수동적인 공부와는 다르게 흡수하는 힘이 비할 데 없이 높은 것이 집공부인 셈입니다.

물론 누군가에게 배우지 않고 혼자서 공부하려면 나름대로 시행착오가 필요합니다.

하지만 그렇게 해서 자신의 특성과 라이프스타일에 딱 맞는 공부법을 찾았다면 이제 범이 날개를 단 격입니다.

흥미롭게도 한 번 스위치가 켜지면 결과가 척 나와서인지 공부하려는 의욕이 커지고 공부가 재미있어집니다.

무료로 배우는 수업 동영상, 한번은 시도해 볼 가치가 있다

신종 코로나 감염예방 대책의 일환으로 인터넷을 활용하여 공부하는 것이 주목을 받았습니다. 저의 유튜브 채널 '어느 남자가 수업을 해보았다'의 등록자 수도 2020년 3월부터 5월까지 엄청

나게 늘어서 현재는 113만 명이 되었습니다. 총 재생 횟수도 3억 회를 넘었습니다(2020년 11월 현재).

미디어에서 취재도 많이 받았는데, 언론에서 보고 저를 알게 된 학생이나 보호자분도 제법 있으리라 생각합니다.

원래 저의 수업 동영상은 학원에서 강사를 하며 만난 공부 못하는 학생들을 시청자로 가정하고 제작된 것입니다.

'그 애들에게 힘이 되고 싶다!'라는 바람에서 학교 교과서를 전부 그대로 따서 동영상을 제작한 것이 수업 동영상의 베이스가 되었습니다.

사람들이 볼만한 단원만이 아니라 학교 교과서 한 권을 통째로 해설하는 수업 동영상은 제 채널 정도밖에 없을 거라고 생각합니다.

그래서 솔직히 '어느 정도 학력이 있는 학생은 내 동영상은 보러 오지 않을 거야'라고 생각했습니다.

그런데 실제로 뚜껑을 열어보니 공부를 못하는 학생들만이 아니라 공부를 잘하는 학생들도 영상을 보고 공부한다고 해서 깜짝 놀랐습니다.

개중에는 내신 성적이 우수해 보이는 학생이나 '학교 선생님에게 도쿄대를 지망하라고 권유받은' 학생도 있었습니다. 이를 계기로 '자신에게 필요하다고 생각하면 다들 알아서 척척 공부하는구나'라는 것을 배웠습니다.

지금, 집공부를 하는 것은 나의 장래와도 관계가 있다

공부한다는 것은 '새로운 것을 아는' 것입니다.

그것은 '자신의 서랍을 늘리는' 것이기도 하죠. 일상생활 속에서 이해하고 아는 것을 늘려가는 겁니다. 이를 통해 우리는 장래에 '풍요로운 인생을 살 수' 있습니다.

왜 '진작 공부했으면 좋았을 텐데!'라고 후회하는 어른들이 있어도 '괜히 공부했어'라고 말하는 어른은 만난 적이 없지 않나요? 인생은 풍요로우면 풍요로울수록 좋은 것이니 부디 여러분이 나중에 후회하지 않기를 바랍니다.

그러려면 학교 시절에 공부를 열심히 하는 것이 큰 의미가 있습니다.

지금 인생의 기반을 만든다고도 할 수 있는 중요한 시기에 공부에 불안을 느끼는 학생들을 위해 제가 가장 중요하다고 생각하는 집에서 학습법과 자신과 가장 잘 맞는 공부법을 찾는 방법을 알려드립니다.

제가 올린 수업 동영상 '어느 남자가 수업을 해보았다'를 효과적으로 활용하는 방법도 제7장에서 자세히 소개합니다. 여러모로 참고가 될 테니 찬찬히 읽어보시기 바랍니다.

또 학생들의 유일무이한 응원군인 보호자 여러분에게 하고 싶은 말도 마지막 장에 마련했습니다. 지금 부모로서 무엇을 할 수 있는지, 또 무엇을 해서는 안 되는지 판단의 재료가 되지 않을까 생각합니다.

공부가 잘 안 돼서 고민하는 학생이라면 고민을 해결할 수 있는 힌트로써 이 책을 활용해주기를 바랍니다. 이 책이 학교생활을 더 충실하게 보낼 수 있는 계획을 세우는 계기가 된다면 정말로 기쁠 것 같습니다.

교육 유튜버 하이치(葉一)

차 례

제1장　자신에게 맞는 '공부법'을 찾는다

제 **3** 장 학교에서 가르쳐주지 않는 '시험 대책'

제 **4** 장 **'공부의 일상화'로 차이를 만든다**

제 5 장 지치지 않는 '집중력'을 얻을 수 있다

제 **7** 장 **'한 남자가 수업을 해보았다' 활용비법**

각 장에서 얻을 수 있는 힘

이 책은 한 항목당 2~4페이지로 구성되어 있습니다. 처음부터 순서대로 읽어도 되고, 읽고 싶은 항목부터 읽어도 상관없습니다.

제 1 장 자신에게 맞는 '공부법'을 찾는다

공부해도 성적이 잘 오르지 않는 이유는 자기만의 공부법이 없기 때문입니다. 그러면 어떻게 공부법을 익혀야 할까? 그런 의문에 대답하면서 해서는 안 되는 공부를 망치는 공부법도 알려드립니다.

제 2 장 혼자서 뛰어넘기 위한 '계획을 세우는 방법'

공부하는 힘을 키우고, 시험에서 목표 점수를 달성하려면 빈틈없는 계획이 필요합니다. 하지만 집공부를 할 때는 다른 누구가 계획을 세워주지 않으므로 스스로 생각해 내는 수밖에 없습니다. 힘은 들겠지만 이렇게 창조적으로 생각해 내야 하는 것이 바로 집공부의 묘미라고 할 수 있습니다. 제가 여러분 곁에서 확실히 도와드리겠습니다.

제 **3** 장 ▶ 학교에서 가르쳐주지 않는 '시험 대책'

정기 시험부터 입시까지 목표를 달성하는 데 필요한 구체적인 테크닉을 알려드립니다. 어떤 곳이 시험에 잘 나오는지, 어떻게 시험을 풀어보면 좋은지 등 시험을 앞두고 불안을 느끼는 학생이라면 반드시 읽어야 합니다.

제 **4** 장 ▶ '공부의 일상화'로 차이를 만든다

집공부는 학교나 학원과 다르게 누구도 공부하라고 강요하지 않습니다. 스스로 공부하는 습관을 들여야 합니다. 집안에서 공부하는 것만이 아니라 학교 수업을 듣는 방법이나 노트를 필기하는 방법까지 포함해서 말이죠. '지속이 힘'입니다.

제 **5** 장 ▶ 지치지 않는 '집중력'을 얻을 수 있다

어른도 일에 집중하지 못할 때가 자주 있습니다. 하물며 다양한 세상일에 관심이 많은 학생에게 집중력을 기르는 것은 정말로 쉬운 일이 아니

겠죠. 누구도 감시하지 않는 자기 방에서 집중하며 공부하는 요령과 휴식을 취하는 방법을 설명합니다.

제 6 장　'의욕과 자신감'이 힘이 된다

학생 중에는 자기긍정감이 낮은 학생이 많습니다. 그런 학생들이 자신감을 얻는 가장 좋은 방법이 열심히 했더니 되더라! 라는 '성공체험'입니다. 그러면 어떻게 해야 그 성공체험을 얻을 수 있을까요? 그리고 의기소침해지거나 의욕이 나지 않을 때는 어떻게 하면 좋을까요? '다음에도 열심히 하자'고 생각할 수 있는 방법을 알려드립니다.

제 7 장　'한 남자가 수업을 해보았다' 활용비법

기본적으로 제 수업 동영상을 집공부에 어떻게 활용하느냐는 독자 여러분의 몫입니다. 다만 제대로 활용하지 못하는 학생, 앞으로 활용해보고 싶다고 생각하는 학생을 위해 기본적이면서도 효율적인 사용법을 알려드립니다.

중학생의 집공부에 꼭 협력해 주었으면 하는 보호자에게 드리는 메시지를 적어보았습니다. 부디 아버님과 어머님도 읽어주시기 바랍니다. 당사자인 중학생도 읽어보면 보호자의 고민이나 평소에 자신에 대해 말하지 못하는 심정 같은 것도 이해할 수 있을지 모릅니다.

제 **1** 장

자신에게 맞는 '공부법'을 찾는다

어떻게 하면 더 공부를 잘할 수 있을까?

자신에게 맞는 공부법을 찾을 수 있게

여러 사람들의 의문에 대답해 보았습니다!

01

왜 집공부를
강화해야 하는가?

▶ 주체적으로 배우는 힘이 생기고 장래에도 도움이 되니까

집에서 공부한다고 마냥 좋은 것만은 아니다

혼자 계획을 세우고 집에서 공부할 수 있는 '집공부'를 기르는 것이 왜 중요할까요?

다음 시험 점수가 오르느냐 내리느냐와 같은 당면한 문제뿐만이 아니라 미래와도 관련이 있습니다. 그것은 먼 장래에 중요한 능력이기 때문입니다.

'집공부를 잘하는 학생'이란 집공부로 공부한 성과를 내놓을 수 있는 학생을 의미합니다.

물론 집에서 공부한다고 해서 모두 '집공부를 잘하는 학생'이란 뜻은 아닙니다.

공부의 성과가 시험 결과로 바로 나오거나 상급학교 입시에 도움이 되어야 비로소 '잘한다'고 말할 수 있겠죠.

나의 장래와도 관계있는 조정 능력

집공부로 성과를 내는 학생과 성과를 내지 못하는 학생은 무엇이 다를까요?

구체적인 내용은 이 뒤에 자세히 설명하겠지만 제 생각에는 공부를 하든 계획을 세우든 '스스로 조정하는 능력을 갖추고 있는지'가 가장 큰 차이라고 생각합니다.

이는 누군가가 시키는 대로 충실하게 따르기만 해서는 얻을 수 없는 능력입니다.

집공부로 성적을 올리려면 먼저 공부하는 목적을 스스로 명확하게 파악하고 그 목적을 위해 자신에게 맞는 공부법을 알아낸 뒤, 그것을 자신의 라이프스타일이나 장점, 단점에 맞게 조정하는 능력이 있어야 합니다.

누가 시킨 일을 담담하게 아무것도 생각하지 않고 마냥 해치우는 것이 아니라 누가 시키지 않아도 알아서 최선의 방법을 찾는 일입니다.

또 그 일을 통해 플러스알파를 낼 수 있는 사람입니다.

그런 어른이 되려면 집공부 학습력을 기르는 과정을 하나하나 거치는 것이 굉장히 중요합니다.

공부했는데도 시험 점수가 잘 나오지 않는 이유는 무엇일까?

02

▶ 자신에게 맞는 공부법이 뭔지 모른다. '할 수 있다'고 과신하기도

암기법에도 맞는 방법과 맞지 않는 방법이 있다

"열심히 공부했는데도 시험 점수가 잘 나오지 않아요!"라고 말하는 사람은 지금의 공부법이 잘 맞지 않는다고 할 수 있습니다. 그대로 계속하다 '공부해봤자 어차피 소용없어'라고 생각해버리면 점점 더 못하게 되는 악순환에 빠지고 맙니다.

가령 '암기' 방법을 생각해봅시다. 암기하는 방법에도 여러 가지가 있는데, 사람에 따라 맞는 방법이 있고 맞지 않는 방법이 있습니다. 저도 옛날에 고생한 경험이 있죠.

저는 비교적 암기가 빠른 편입니다. "뭐야, 그러면 별로 힘들지도 않겠네"라고 생각할지도 모르지만, 빠르게 암기해 놓고 바로 잊어버리는 약점이 있습니다.

이래서는 시험 점수가 오르지 않겠죠.

제가 학원에서 가르쳤을 때 학생들 중에서도 이런 경향의 학생이 있었습니다.

단기기억에는 자신이 있지만 장기기억에는 영 소질이 없었습니다. 이러한 점을 스스로 알아차리지 못하면 한 번 외워놓고선 다 외었다고 착각하게 됩니다.

인간은 누구나 망각의 생물

우리는 컴퓨터가 아니라서 당연히 '보존하는' 버튼 같은 건 머릿속에 없습니다.

한 번 외우고 나서 '다 됐다'는 기분만 느끼고 막상 기억하지 못하는 사람들이 숱하게 많습니다.

하지만 시험 볼 때 그 기억을 끄집어내지 못하면 아무 소용이 없습니다.

그렇게 되지 않으려면 '외웠으면 끝!'이 아니라 '외운 것을 잊어버리지 않게 하자'고 생각을 전환해야 합니다.

가령 '나는 얼마나 시간을 들이고 몇 번을 반복해서 외워야 기억한 것을 잊어버리지 않을까'라는 특징을 파악하는 작업을 하는 겁니다.

'알고 있다'와 '할 수 있다'는 전혀 다르다

'성과가 나오지 않는' 사람은 기본적으로 공부하면 '다 아는 듯한 기분'에 빠지는 사람입니다. '알고 있는' 것과 '이해하고', '할 수 있는' 것은 전혀 다른 문제입니다.

선생님의 수업을 들으면 왠지 다 배운 것 같은 기분이 듭니다. 하지만 정확히 말하면 이는 '다 아는 것 같은 착각'에 빠진 것뿐입니다. 1시간 후에 같은 문제를 보면 풀지 못할 것입니다.

그런 학생에게는 크게 2가지 특징이 있습니다.

특징 ① 연습 문제를 앞서서 쭉쭉 풀고 싶어 한다

모처럼 열심히 공부하고 있지만 '진도를 나가는 것이 정의'인 양 문제를 빨리 풀려고 서두릅니다. 하지만 아무리 빨리 푼다고 해도 하나하나 확실하게 머릿속에 붙들어 매 놓지 않으면 구멍이 숭숭 뚫린 소쿠리에 물을 붓는 것이나 다름없습니다. 배운 게 점점 빠져나와서 "연습 문제를 그렇게 많이 풀었는데도 시험 점수가 잘 나오지 않아!"라는 상태가 됩니다. 그렇게 되지 않기 위해서라도 푼 문제를 정말로 '풀 수 있는지' 확인해야 합니다.

'알기'만 해서는 성과가 나오지 않는다

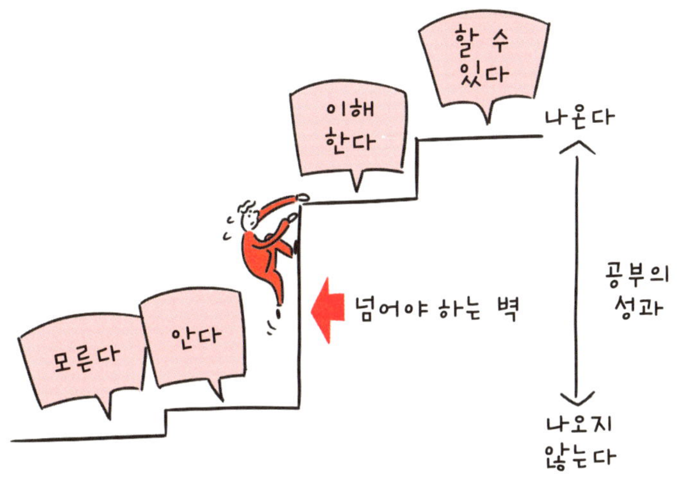

특징 ② 답을 맞혀보면 그걸로 끝

답을 맞혀보고 나서 '이해했다', '문제를 풀 수 있게 되었다'면 좋겠지만 맞았는지 틀렸는지 ○×만 매기고 '다 안 것 같은 기분'이 되는 사람도 적지 않습니다.

그 문제를 '풀 수 있게' 될 때까지 반복해서 풀어야 합니다.

성과를 내려면 '아는 것'이 아니라 '이해하고', '할 수 있는 것'이 더 중요합니다. 그 차이를 알면 공부 방법도 내는 성과도 달라질 것입니다.

공부 방법을
잘 모르겠다면?

03

▶ '못하는 것'이 아니라 '잘하는 것'에 주목해보자

자기긍정감이 낮은 학생들

제가 보기에는 공부에 자신 없어 하는 학생들의 큰 문제점 중 하나가 자기 자신을 인정해주는 '자기긍정감(자기 자신을 좋아하고 자신의 존재가치를 인정할 수 있는 감정)'이 아주 낮다는 것입니다.

그래서 집공부를 하려고 해도 '이 방식으로 공부해도 될까?' 자신의 결정을 확신하지 못합니다.

제가 학원강사였을 때, 학생들에게 "5분 줄 테니까 자신의 장점과 단점을 써봐"라고 말하면 어김없이 단점을 쓰는 칸만 빈틈 없이 메워져 있었습니다.

장점은 1개 나올까 말까.

개중에는 "이게 정말로 나쁜 건가?" 싶은 '단점'까지 잔뜩 써놓는 아이도 있었습니다.

이 책을 읽는 여러분은 어떤가요?

장점을 살리면서 공부하는 것이 중요하다

단점으로 '기억력이 나쁘다', '집중력이 없다'고 말하는 학생이 많습니다. 그러면 좋아하는 것, 가령 게임을 할 때는 어떤가요? 무기 이름이나 명령어, 공략법을 바로 외워서 시간 가는 줄 모르고 게임을 했던 경험이 있을 것입니다. 그렇습니다, 원래 기억력, 집중력이 없는 사람은 없습니다.

자신에게 맞는 공부법을 판단하려면 '단점을 단점으로 보지 않는다', '자신의 장점을 똑바로 본다'는 것이 아주 중요합니다.

가령 저처럼 장기기억에 자신이 없고 단기기억에 자신이 있다면 나쁘게 말해서 '잘 잊어버리게' 되지만, 반복해서 외우면 그렇게 잘 잊어버리던 것도 쉽게 잊히지 않는 기억으로 머릿속에 남게 됩니다(구체적인 방법은 94페이지 참조).

게임을 해본 학생이라면 경험상 제 말이 무슨 뜻인지 이해할 수 있을 것입니다.

못하는 것이 아니라 잘하는 것에 주목하여 공부법을 정하면 실제로 성적이 향상될 것입니다.

자신에게 맞는 공부법을 다들 어떻게 찾을까?

04

▶ 공부 잘하는 친구를 따라서 공부한다

아무런 단서도 없이 무작정 자기만의 공부법을 만들기는 어렵다

성적이 잘 오르지 않는 학생은 지금 자신이 하고 있는 공부법을 한 번 재검토해 봐야 합니다.

단 공부법에 정답은 없습니다.

만약에 정답이 있다면 그 정답을 따라 하면 성적이 오르겠지만 그런 일은 없죠.

다음 페이지에 나오는 카테고리를 보면 알겠지만 한마디로 공부법이라고 해도 종류도 목적도 아주 천차만별입니다. 요컨대 무수하게 많은 공부법을 죄(모두) 그러모아서 시도해보는 것은 시간 낭비입니다.

그러면 어떻게 하면 좋을까요?

 **무수히 많은 공부법...... 여러분에게 필요한 것은 무엇인가!?**

개별 과목 공부법

국영수 과학 사회 각각의 공부법

정기 시험용 공부법

암기형 과목의 공부법

연대별, 영단어, 원소기호
......등의 공부법

수험용 공부법

이해형 과목의 공부법

방정식, 국어 응용문제, 영어 장문 이해
......등의 공부법

**의욕이 생기는
공부법**

당근과 채찍을 사용하는
명확한 꿈을 갖는
동경하는 사람과 공부하는
......등의 공부법

**특수한 장치나 문구 등을
활용하는 공부법**

스마트폰, 태블릿PC, 컴퓨터,
OC레코더, 청색 펜
......등의 공부법

**계획을 효율적으로
세워서 만든 공부법**

단기 계획, 중기 계획, 장기 계획
......등의 공부법

수준별 공부법

못하는 과목을 극복하는 평균점을
노리는 들어가기 힘든 학교를 지망하
는 ......등의 공부법

**라이프스타일이나 개인의
특성에 맞춘 공부법**

아침형, 저녁형, 동아리 활동
......등의 공부법

먼저 친구들을 '따라 하는' 것부터

그래서 먼저 '따라 하는' 것을 추천합니다.

'따라 하는' 것이란 누군가를 흉내내어 배우는 것입니다. 또 그것을 자신에게 맞게 조정하는 것입니다. 이는 공부법만이 아니라 무언가를 배울 때 아주 중요한 자세입니다.

가장 빠른 것은 '공부를 잘하는 친구'의 공부법을 따라 하는 것입니다. 모르는 게 생기면 직접 물어보고 그 자리에서 바로 따라 해보는 거죠. 물론 친구만이 아니라 학교 선생님이나 부모, 형제, 친척에게 물어봐도 좋습니다.

"늘 이 부분에서 막히는데, 어떻게 공부해?"라고 솔직하게 물어보세요.

'가르쳐달라'고 하면 그 말은 들은 학생도 자신감이 생겨서 기분 나빠하지는 않을 것입니다. 누군가에게 가르쳐줌으로써 공부한 내용이 머릿속에 확실하게 남는다는 이점도 얻을 수 있죠 (→113페이지).

이쪽에서도 뭔가를 배웠다면 거기에 만족하지 말고 바로 실천해보세요. 체험을 통해 배울 수 있는 것이 굉장히 많으니 먼저 행동으로 옮겨보세요.

공부법은 '따라 하는' 것부터 시작하자

이렇게 이미 누군가가 성과를 낸 공부법에서 자신에게 맞을 법한 것을 골라내서 따라 하고 조정해 나간다면 아주 쉽게 효과를 낼 수 있는 공부법을 얻을 수 있을 것입니다.

가령 계획을 세우는 방법이나 각 과목 공부법, 시험용 공부법을 더하는 것입니다.

그런 종합적인 공부법을 구할 수 있게 장을 구성했으니 그 점을 고려하여 읽어주세요.

이런 '자기식대로 조정한다'는 창의적인 작업이 집공부의 가장 흥미로운 점입니다.

하겠다고 정한 공부법은 충실히 따르는 편이 좋다?

05

▶ 어떤 공부법이든 자기식대로 조정한다

스스로 조정하는 것을 두려워하지 않는다

다른 사람을 따라 공부하는 '따라 하기 공부법'은 스스로 알맞게 조정해야 의미가 있다고 썼습니다. 완성된 공부법이라고 생각하더라도 그것을 자신에게 맞게 조정해가는 것을 부디 두려워하지 마세요.

저도 그렇지만 특히 학생들은 누가 '이거야'하고 말하면 '이건가', '아닌가' 누가 맞는지 흑백을 가리려 들기 쉽습니다.

이는 초등학교 시절에 선생님이 시키는 대로 공부해온 습관에서 빠져나오지 못했기 때문인지도 모릅니다.

저에게는 초등학생 아들이 있는데, "이걸 다섯 번 읽어라"라는 숙제를 받아 오면 제 마음대로 조정합니다. 가령, 한 번 읽고 나면 "좋아, 다음에는 실전이야. 이번에 제대로 멋지게 읽으면 그것으로 끝내주마!"라고 말이죠. 그편이 선생님이 시키는 대로 아무 생각 없이 다섯 번 반복해서 읽는 것보다 훨씬 집중해서 읽어낼 수 있기 때문입니다.

공부법에 정답은 없습니다. '이 공부법이 좋다'라고 누가 말해준다고 해도 꼭 그대로 따라 할 필요는 없습니다. 그것은 이 책에 나오는 공부법을 포함해서 하는 말입니다. 머릿속 한구석에 그러한 생각을 집어넣고 읽어 나갑시다.

그 공부법에 조금이라도 가능성이 남아 있을까?

'지속은 힘이다'라는 말이 있는데, 새로운 공부법을 시도할 때도 어느 정도 읽어보지 않으면 효과가 어떤지 판단하기 어렵습니다.

저는 누누이 '새로운 공부법으로 공부할 때는 1주일은 그대로 해보라'고 말합니다. 1주일이란 기간에 뭔가 명확한 근거가 있는 것은 아니지만 여태까지 많은 학생이 공부하는 모습을 지켜보는 동안에 한 가지 결론을 내렸습니다.

하루 이틀로는 그 효과를 알 수 없다고 말이죠.

이 점은 연애와도 비슷합니다. '이 사람과 사귀는 건 절대 무리야!'라고 생각하는 사람과 계속 사귀는 것은 괴로운 일입니다. 그럴 바에는 이제 그만 헤어지는 편이 낫습니다.

하지만 '이 사람에 대해 아직 잘 모르지만 어쩜 좋은 점이 있을지도 몰라'라고 조금이라도 기대가 남아 있다면 부디 1주일은 사귀어보세요.

판단할 때는 주로 다음 2가지를 기준으로 봅니다.

시간적·작업적·금전적인 부담이 적고 꾸준히 계속할 수 있는가?

성과도 나올 것 같은가? 혹은 조정하면 성과가 나올 것 같은가?

일단 1주일간 해보세요. 그리고 '이렇게 하면 나한테는 효과가 있을지도 모르니' 조정해 봐야겠다는 생각이 들면 그냥 넘기지 말고 꼭 실천해보세요. 만약에 그렇게 해서 효과가 나왔다면 의욕이 생기고 공부가 점점 재미있어질 것입니다.

근육 트레이닝이나 다이어트는 일주일 해서 효과가 나오지 않습니다. 하지만 공부는 효과가 나옵니다.

해보지 않으면 아무도 모르니 한 번 해봅시다. 일단은 일주일만 성실히 계속해보세요.

공부법을 정할 때는 1주일은 해봐라

연습 문제집이나 참고서는 어떤 걸 고르면 좋을까?

▶ 서점에 가서 직접 보고 느낌이 오는 걸로 고르자

누군가의 추천이나 입소문을 너무 믿어서는 안 된다

학교 교과서나 워크북만으로도 충분히 공부가 되지만 나는 더 할 수 있을 것 같아, 이것만으로는 부족해, 라고 느낀다면 그러한 의욕을 그냥 흘려보내지 말고 연습 문제집이나 참고서를 추가로 구입해도 좋습니다.

'어떤 연습 문제가 좋나요?', '추천 참고서가 있나요?'하고 제게 묻곤 하는데, 유명한 누군가가 추천했다거나, 입소문이 나고 평판이 좋다는 이유로 연습 문제나 참고서를 보지도 않고 무작정 사는 짓은 그만둡시다.

처음부터 평판에만 의지하면 결국 자신과는 맞지 않아서 공부하는 동안에 '이건 아닌데'라고 생각하게 될지도 모르기 때문입니다.

인터넷보다 직접 볼 수 있는 서점에 간다

그래서 나는 인터넷 서점보다 오프라인 서점에 가는 것을 추천합니다. 실물을 보고 자신의 감각에 맞는 것을 쉽게 찾을 수 있기 때문입니다.

만화나 잡지는 흔히 끈으로 묶여 있지만 참고서나 연습 문제집은 그대로 진열되어 있으므로 팔랑팔랑 넘기면서 안을 들여다볼 수 있습니다.

안에 있는 내용을 본 뒤에 '이 문제집으로 공부하고 싶다'는 생각이 드는 문제집을 고르세요.

원래 서점에서 파는 연습 문제나 참고서는 어느 것이나 공들여 만들어서 기본은 합니다.

같은 이유로 본인이 아니라 부모가 고르고 사준 문제집을 그대로 받아서 푸는 것을 그만둡시다. 이 기회에 부디 스스로 결정하는 힘을 기르세요.

스스로 고른 연습 문제집이나 참고서에는 자연히 애착이 생깁니다. 자신이 직접 보고 고르는 과정을 거쳤기 때문에 계속 풀게 되는 연습 문제집을 찾을 수 있을 것입니다.

해서는 안 되는
NG 공부법은?

공부가 '작업'이 돼버릴 때

공부법에는 다양한 방법이 있으니 자신에게 잘 맞는 공부법으로 공부를 하면 된다고 말했습니다(→34페이지). 하지만 개인적으로는 추천하고 싶지 않은 공부법도 있습니다.

가령 '나만의 오리지널 영단어집을 만드는' 공부법입니다. 얼핏 보면 굉장히 그럴싸해 보이고 실제로 만드는 사람도 많겠죠. 하지만 이미 우수한 영단어집이 시중에 나와 있는데 굳이 직접 만들려고 하면 그만큼 수고와 노력이 들게 됩니다.

게다가 만드는 동안에 어떻게 하면 글씨를 잘 쓸까, 어떻게 하면 깔끔하게 정리할까에만 정신이 팔려서 공부를 소홀히 하게 됩니다. 공들여 만들다가 정작 완성되면 그걸로 만족하고 결국엔 방치하는 경우도 적지 않죠.

그리고 '외우려고 10번 쓴다' 같은 것도 공부가 아니라 그냥 끼적이는 '작업'이 되기에 십상입니다. 어쨌거나 10번을 써야지, 하고 염두에 두면 후반에는 아무 생각 없이 반사적으로 손을 움직이게 됩니다.

그럴 바에는 '두 번만 쓰고 외우는' 것이 머릿속에 더 잘 들어올 수 있습니다. 두 번 쓰고 나면 이제 기회가 없다는 생각에 정신이 번쩍 날 테니까요.

'예술'의 영역에 들어가는 학생도

간혹 '학교 끝나고 돌아와서 공책을 깔끔하게 다시 필기하는' 학생이 있는데, 그 시간이 너무 아깝게 느껴집니다.

최근에는 공책을 제출하는 학교도 많아서 기왕이면 깔끔하게 정리하려는 학생도 있습니다. 하지만 이쯤 되면 이제 작업을 뛰어넘어 '예술'의 경지에 이르렀다고 볼 수 있습니다. 전부 다시 쓰는 건 역시나 시간 낭비입니다.

그 1시간이 '공부'하는 시간인지, 그냥 노트를 필기하는 '작업' 시간인지 냉정하게 생각해보면 어느 쪽이 성적과 직접적으로 연결되는 시간인지 알 수 있을 것입니다.

저자도 들었던 심야 라디오

저는 고교 시절, 조는 걸 방지하기 위해 자주 심야 라디오를 들으면서 공부했습니다. 공부 효율은 별로 좋지 않았지만 머리를 식힌다는 생각으로 들었습니다.

누구나 동아리 활동으로 아주 피곤하다든가 하는 이유로 '오늘은 라디오를 듣지 않으면 살 수가 없어!'라고 느낀 적이 있을 것입니다.

저는 기본적으로 시간을 딱 정해놓고 들었지만 '오늘은 더 이상 안 되겠어!'라고 느껴질 때는 기분이 내키는 대로 실컷 들었습니다. 그러면 만족해서 '자 다시 공부해볼까!' 하고 다시 공부에 돌입할 수 있었습니다.

혼자서 공부하다 보면 마음을 달래고 싶을 때도 있을 겁니다. 그럴 때는 너무 무리하지 말고 머리를 잠시 식히고 나서 다시 열심히 공부합시다!

제 2 장

혼자서
뛰어넘기 위해
'계획을 세우는
방법'

'좋아, 공부하자!'고 결심했다고 해서

무작정 공부에 돌입하는 것은 비효율적입니다.

먼저 효과가 좋은 공부 계획을 세워봅시다!

시험에 맞춰 공부 계획을 세우는 요령은?

▶ 자신을 프로듀싱한다는 생각으로 계획하자

계획은 목적을 명확하게 하는 것이 중요하다

시험 점수를 올리려면 공부 계획을 철저히 세우는 것이 효과적입니다. '어떻게 하면 점수가 올라갈까?'를 스스로 프로듀싱하는 느낌으로 말이지요.

단, 무작정 계획을 세우면 실패하게 됩니다. 다음 페이지와 같이 5개를 순서대로 풀어보면서 자신의 능력을 냉정하게 분석한 뒤에 무리하지 말고 계획을 세워보세요.

정기 시험 전이라면 시험 범위를 공부하고, 수험 공부를 한다면 모의고사 대책을 세우면서 기출문제를 푸는 두 가지 목적으로 공부해야 합니다.

계획을 세우는 방법도 공부법을 찾을 때처럼 자신에게 맞게 조정해보세요.

공부 계획을 세울 때 알아두었으면 하는 5가지 '의문(?)이란'

1 정기 시험을 위해서인가 아니면 수험 공부를 위해서인가?

정기 시험을 공부하기 위해서인지, 수험 공부를 위해서인지에 따라
공부 방법도 계획을 세우는 방법도 크게 달라집니다.

2 시험은 언제인가?

내일, 일주일 후, 보름 후, 한 달 후……로
하루의 공부 시간과 대응 방법도 크게 달라집니다.

3 목표 점수는 어느 정도인가?

목표하는 평균 점수는? 못하는 과목의 점수는 얼마나 올리고 싶은가?
전 과목 90점 이상인 상위권인가? 과목마다 전략이 달라야 하는데, 이것을
명확히 하지 않고 무작정 공부하는 것은 비효율적입니다.

4 목표를 달성하려면 무엇을, 얼마나 공부해야 하는가?

효율적으로 목표를 달성하기 위해 어떤 단원은 포기하고 넘어가겠다거나,
못하는 과목을 중심으로 공부하는 등 다양한 전략을 고려해야 합니다.

5 하루에 얼마나 공부를 하면 좋을까?

뭐든 계획대로 진행되기는 어려울 것입니다. 계획이 틀어지는 것을 고려하여
여유 있게 계획을 세워봅시다. 정말로 실현 가능한가? 더 효율적으로 계획을
진행할 수는 없을까? 꼼꼼히 검토해 봅시다.

학습계획을 세울 때의 포인트는?

▶ 장기·중기·단기 계획은 진행률을 확인할 급수대를 만든다

가장 긴 계획은 상급학교 입시까지의 장기 계획

학교생활 전체를 생각한다면 상급학교 입시를 대비한 공부 계획이 가장 긴 계획이 됩니다. 단 상급학교에 합격할 때까지의 계획을 세우려면 먼저 지망학교를 정해야 합니다. 그러지 않고서야 계획을 세우기 어렵겠지요.

지망학교가 정해지면 거기에서 각 과목당 대략 몇 점을 맞으면 되는지를 알 수 있고, 지금 자신의 학력에 비추어 공부량이 얼마나 필요한지도 저절로 알게 됩니다.

따라서 지망학교는 최대한 빨리 정해야 합니다. 그래야 목표가 명확해지기 때문입니다. 아직 1학년이라면 목표를 정하기 좀 어려울지도 모르지만 적어도 자신이 사는 지역에 어떤 상급학교가 있는지는 꼭 확인해 두세요. 그러면 계획을 세우기가 수월해질

것입니다.

저도 대학시험을 앞두고, 가고 싶은 학교를 지망하기에는 내신이 많이 부족했습니다. 그래도 포기하지 않고 내신을 올리려면 어떻게 공부해야 하는지 열심히 머리를 짜냈습니다.

시험 보는 날까지 얼마나 남았는지 남은 날짜를 세서 하루에 얼마나 공부를 해야 하는지를 계산하고 계획을 세웠습니다.

시작이 늦었던 만큼, 너무 빡빡하게 스케줄을 잡아서 몸에 무리가 간 것이 반성할 점이었지만 실제로 지망한 대학에 가까스로 합격했습니다. 이 경험이 저에게도 자신감을 주었습니다.

만약에 그때, 철저하게 계획을 세우지 않고 무작정 열심히 공부했더라면 설대로 목표를 이루지 못했을 것입니다.

중기 계획이나 단기 계획은 더 구체적으로

상급학교 입학시험까지 장기 계획을 세웠다면 이제는 조금 더 작은 한 달치 목표를 세웁니다. 그 안에 공부량을 정하는 중기 계획이나 일주일·하루의 공부 내용을 정하는 단기 계획을 세웁니다.

왜 이렇게 잘게 쪼개서 계획을 세우냐 하면 한 달, 일주일, 하루가 끝날 때마다 '목표는 달성했는가?' 확인하는 포인트를 잡았으면 하기 때문입니다.

긴 마라톤 레이스 사이사이에 급수대를 만드는 느낌일까요?

이렇게 급수할 곳을 마련해 두면 '오늘 연습 문제를 4페이지까지 풀지 않으면 계획이 틀어질 수도 있겠다'는 등 공부 페이스도 명확해질 것입니다.

지금 자신이 계획한 것보다 진도가 빠른지 느린지도 알 수 있습니다. 이렇게 계획에 맞춰 공부하지 않으면 입학시험 날짜를 한 달여 남겨놓고 '아, 벌써 시간이 이렇게 됐어? 아직 공부할 게 많은데'라고 위기감을 느끼게 됩니다. 그때 깨달으면 너무 늦습니다.

체크포인트를 얼마나 만들면 좋을까

이러한 공부 계획은 정해진 포맷(사람들이 많이 쓰는 형식. 적거나 입력하기만 하면 쉽게 완성된다)을 쓰면 안 됩니다. 직접 좋아하는 곳에 급수대, 다시 말해 체크포인트를 만듭시다.

매번 같은 간격으로 '예정된 스케줄보다 많이 진행됐는지', '해놓은 게 적지는 않은지'를 체크하면서 이후의 계획을 미세하게 조정해갑니다.

'계획은 한 달마다 체크합니까, 한 번만 체크하면 됩니까?'라고

단기 계획을 꾸준히 실천하여 중기·장기 계획을 달성한다

묻는 사람들이 종종 있는데 자기가 편한 대로 확인하면 됩니다.

참고로 저는 계획을 너무 촘촘하게 세우면 체크하기 귀찮다고 느끼는 사람이라서 일주일에 한 번씩만 체크했습니다.

체크포인트는 어디까지나 자신이 필요하다고 생각하는 만큼 하는 것이라서 필요한 만큼 많이, 원하는 대로 정하면 됩니다.

공부 계획은 '시간'이 아니라 '양'으로 결정된다

03

▶ 공부에 대한 집중력을 더 높일 수 있다

'공부량'으로 구분한다

공부에도 밀고 당기는 전략이 필요합니다. 시간이 허용하는 한 계속 공부할 수 있는 사람이라면야 상관없지만 대부분은 그렇게 계속 공부하면 집중력이 떨어집니다. 그러면 무리해서 계속 공부해봤자 의미가 없죠.

따라서 공부는 '시간'이 아니라 '공부량'으로 구분합시다.

공부할 때, '지금부터 3시까지 하자!', '2시간만 공부하자!'라고 시간을 정해놓고 공부하는 학생이 많은데, 여기에는 문제가 있습니다.

왜냐하면 '시간'보다 '무엇을 얼마나 했는가'가 더 중요하기 때문입니다. 공부를 안 했는데도 3시간쯤 책상에 앉아 있으면 '열심히 한 느낌'이 나서 '공부를 한 것 같은 기분'이 듭니다. 이것은 크나큰 착각입니다.

　중요한 것은 그 시간에 얼마나 충실히 공부했느냐입니다. 집중해서 공부했으면 한 시간만에 끝낼 걸 3시간이나 걸린다면 시간이 너무 아깝습니다.

시간으로 정하는 건 목표 설정과 쉬는 시간뿐

　한편 그날 공부할 분량을 정한다는 것은 '오늘은 먼저 수학 워크북 ○○페이지까지 모두 풀면 잠깐 쉬자'고 계획을 세운다는 뜻입니다.

　그 후에 '좋아, 지금부터 1시간 안에 여기까지 끝내자!'라고 시간을 정하는 것은 괜찮습니다. 그렇게 게임을 하듯이 문제를 푼다면 집중력도 높아지겠죠.

　그리고 공부하겠다고 정한 지점까지는 다소 시간이 걸리더라도 반드시 끝내야 합니다. 철칙이라고 생각해주세요.

　그리고 공부하는 사이사이에 쉬는 시간을 만들어줍시다. 쉬는 시간을 너무 길게 잡으면 다시 공부하려고 마음을 잡기가 힘드니 5분에서 15분 정도 쉬는 것을 추천합니다(쉬는 방법에 대해서는 116페이지 참조).

목표를 높게 잡기보다
해낼 수 있는 목표 설정을

04

▶ 완벽히 해내면 자신감이 생긴다

목표를 높게 잡아도 달성하지 못하면 아무 소용없다

'다음 정기 시험에서 ○○점 맞을 거야', '지망학교에 합격한다' 등 뭔가 목표가 정해지면 남은 일수를 계산하여 구체적인 공부 계획을 세워야 한다고 설명했습니다(→46페이지).

풀어야 할 워크북 페이지 수나 암기할 영어단어 등등 오늘은 무엇을 얼마나 공부할까.

이번 주 안에 그리고 이번 달 안에 어디에서 어디까지 목표로 해서 공부할까.

자신의 페이스에 맞게 해낼 만한 분량, 공부량을 목표로 설정해 주세요.

이렇게 하면 무리한 목표를 세웠다가 해내지 못하면 '어쩔 수 없지'하고 스스로 자꾸 봐주거나, '역시 난 한심한 인간이야'라고 자신감을 잃어서 집공부하는 습관이 들지 않습니다.

계획에 문제가 생기면 재검토해야 한다

하지만 '자신의 페이스'는 실제로 공부해봐야 알 수 있습니다. 그래서 실제로 공부하는 동안에 얼마나 궤도수정을 잘하느냐도 중요합니다.

가령 하루에 영어단어 30개를 암기한다는 목표를 세웠다고 합시다. 그런데 '다 외우지 못해서 자꾸만 다음 날로 미루게 되네', '나한테 외우기에 양이 너무 많았나'라고 느껴진다면 계획을 다시 세워야 합니다.

30개든 20개든 10개든 5개든 어쨌든 그날에 다 외울 수 있는 양으로 수정해주세요.

물론 목표를 너무 낮게 잡으면 공부한 효과가 나지 않으니 '열심히 하면 해낼 만한' 선을 찾아서 정해야 합니다.

그렇게 정한 목표를 하루하루 성취해가다 보면 '이만큼 해냈다'며 자신감이 생길 것입니다.

계획이 다소 틀어져도 되돌릴 수 있을 만한 여유를 갖고 세운다

▶ 계획이 틀어질 것을 전제로 하면 불안해하지 않아도 된다

처음엔 공부량이 어느 정도인지도 정확히 파악할 수가 없다

'직접 세운 계획은 반드시 해내야' 하는 게 맞지만, 이 세상에 '완벽한 계획'은 없습니다. 그런데 이걸 모르는 사람들은 조금만 계획이 틀어져도 '다 틀렸어!'하고 모두 포기해 버립니다.

그렇게 되지 않도록 다소 틀어질 수 있다는 것을 전제로 계획을 세워주세요. 아무리 계획을 치밀하게 세워도 틀어질 계획은 틀어집니다.

감기 걸리는 것이 그 전형적인 예라고 할 수 있겠죠. 언제나 생각지도 못한 사고가 일어나게 마련입니다.

처음에는 여러 번 실패해도 궤도를 수정하다 보면 '오늘 이 정도 컨디션이면……'이라고 얼마나 공부할 수 있을지 대강 파악할 수 있습니다. 그렇게 되면 더 쉽게 계획을 세울 수 있을 겁니다.

급한 스케줄이 생기면 쉽게 계획이 틀어진다

이렇게 계획을 빈틈없이 계획을 세워도 급한 용무가 생기면 쉽게 계획이 틀어져 버립니다. 그럴 때도 불안해하고 초조해하지 마세요. 그날 다른 일을 하느라 공부할 시간이 줄어들었다면 나머지 스케줄을 조정해서 다시 계획을 세워봅시다. 이런 경우를 대비해서라도 역시 며칠은 여유를 두고 계획을 세우는 것이 좋습니다.

그래서 정기 시험을 앞두고 계획을 세울 때는 시험 전 3일간은 다른 스케줄을 넣지 말라고 말합니다. 완전히 시간을 비워두는 거죠. 다시 말해, 계획이 틀어졌을 때 하지 못한 공부를 하는 예비 날로 정해놓는 것입니다.

물론 주어진 시간은 제한되어 있습니다.

시간이 임박했을 때는 우선순위가 높은 것을 중심으로 해치우고 남은 것은 여유가 있으면 하는 식으로 계획을 세우는 것도 유효한 전략입니다.

어쨌거나 완벽한 계획이란 없습니다. 자신을 믿고 최종적으로 목표를 완수할 수 있게 순서와 방법을 잘 정하는 능력을 기릅시다.

'오늘은 밥을 몇 시쯤에 먹을 거야?'라고 미리 물어본다

▶ 어중간한 지점에서 공부를 중단하지 않는다

저녁 시간에 맞춰 계획을 세운다

모처럼 세운 공부 계획이 틀어지지 않도록 미리 집에 부탁해 놓았으면 하는 사항이 있습니다. 바로 '스케줄을 미리 물어보는' 것입니다.

특히 '저녁 식사 시간'은 미리 물어보세요.

집에서 공부하다 보면 '밥 다 됐어! 와서 밥 먹어'라고 가족이 불러서 공부를 중단해야 할 때가 많죠. 이것이 공부 효율을 떨어트립니다.

제4장에서 워크북은 풀고 나서 바로 채점한다는 공부 루틴을 소개할 텐데(→100페이지) 채점을 하고 바로 해설을 읽느냐 마느냐로 이해도는 몰라보게 달라집니다. 더 집중하고 효과를 높이기 위해서라도 저녁 식사 시간에 맞춰 공부할 분량을 딱 마칠 수 있

게 계획을 세워야 합니다.

가족에게는 어떻게 협조를 부탁할까?

그냥 "저녁은 ○시에 해줘"라고 이쪽에서 주문하면 가족은 스트레스를 받습니다.

그러니 "오늘은 대충 몇 시쯤 먹을 거야?"라고 가볍게 물어보세요. 그리고 "그 시간에 맞춰서 공부하려고"라고 이유도 확실히 말해 두세요.

공부를 위해서라고 말하면 괜히 화내거나 하지 않고 "아 그래?"라고 몇 시쯤 준비가 될 거라고 말해줄 것입니다. 그뿐만 아니라 "얘가 공부를 열심히 하는구나……!"하고 열심히 공부하는 모습을 부모에게 자연스럽게 어필할 수도 있습니다.

특히 휴일에 공부 계획이 있다면 따로 스케줄이 없는지 가능한 한 빨리 알아두었으면 합니다.

며칠 전에 물어보고 일정이 있다고 하면 전날인 토요일에 집중해서 공부하는 등 미리 손을 써둘 수 있을 것입니다. 이것도 저녁 식사 시간을 물어볼 때와 마찬가지로 이유를 솔직하게 전하여 가족의 협조를 얻도록 합시다.

아무리 피곤하고 우울해도 공부는 빼먹지 않는다

07

▶ 자기긍정감을 없애지 않고 생활 리듬을 유지할 수 있다

5분이라도 좋으니 반드시 뭐라도 공부한다

학교생활을 하다 보면 동아리 활동으로 몸이 지치거나 인간관계로 기분이 우울해지는 등 매일 여러 가지 일들이 일어납니다.

하지만 그것을 이유로 하루라도 완전히 공부를 쉬는 날(공부를 1분이라도 하지 않았던 날)이 있어서는 안 됩니다. 손해가 너무 크기 때문입니다.

그런 날에는 5분이라도 좋으니 꼭 뭐라도 해주세요. 조금이라도 공부를 하면 '어제는 공부를 전혀 하지 않았다!'라는 죄책감에서 해방되고 지금 열심히 하면서 생긴 긴장의 끈을 놓지 않아도 되기 때문입니다.

어떤 일로 기분이 우울해지는 것 자체가 나쁘다고 말하는 게 아닙니다. 우울한 일이 있을 때는 바닥까지 우울해지는 경험을

해보는 것도 좋다고 생각합니다. 하지만 그럴 때도 공부만큼은 조금이라도 하자는 말입니다.

공부를 하지 않은 날이 자기긍정감이 낮아지는 원인으로

학생 여러분은 전체적으로 자기긍정감이 굉장히 낮습니다.

거기에 어떤 이유가 있든 '나는 오늘 공부를 하지 않은 한심한 인간'이라는 낙인을 찍어버리면 점점 더 자기긍정감이 낮아져서 우울한 기분도 더 오래 가게 됩니다.

하지만 아무리 기분이 우울해도 영어단어를 10개만 외운다면 '10개는 열심히 외웠네'라고 자신을 인정할 수 있을 것입니다.

'10개밖에 못 외웠네'라고 생각할 수도 있을 텐데, 그런 기분이 들었더라도 나중에 기분이 회복되면 '그때는 기분이 굉장히 우울했는데도 열심히 했네'라고 생각할 수 있기를 바랍니다. 그러면 입시라는 큰 산을 뛰어넘는 데 빼놓을 수 없는 요소인 자기긍정감을 잃지 않을 것입니다.

공부 리듬도 크게 깨지지 않을 것이고요.

공부를 잘하는 사람일수록 충실한
하루하루를 보낸다?

저는 고교 시절에 공부하느라 힘들었던 기억밖에 없는데, 제 주변의 공부 잘하는 친구들은 공부만 하면서 시간을 보내지 않았다고 해서 깜짝 놀랐습니다.

당시에 제가 다니던 학교는 대입을 목표로 하는 진학교(進學校, 입시 명문)였다. 고등학교 2학년 때는 1교시 전에 '0교시'부터 수업을 시작했습니다. 그래서 아침에는 대충 7시 반쯤 등교해야 했죠. 그런데 한 친구는 등교하기 전에 좋아하는 낚시를 하고 온다고 말했습니다. 그래서 밤에도 일찍 잔다나요?

제가 그 친구에게 공부할 시간이 부족해서 수면시간을 줄일 거라고 말하자 친구는 "너 바보야?"라며 이렇게 말했습니다.

"잠을 줄이는 의미를 모르겠어. 왜 인간으로 최소한으로 갖춰야 하는 부분까지 줄여가면서 공부하려고 해?"

그 말을 듣고 저는 정신이 번쩍 들었습니다.

반신반의했지만 이후로는 수면시간을 줄이지 않는다는 전제로 계획을 세웠습니다. 신기하게도 물리적으로는 공부 시간이 줄어들었지만 집중은 더 잘 되었습니다. 그리고 거기에 더하여 짧은 시간에 어떻게 효율적으로 연습 문제를 반복해서 푸느냐에 몰두한 결과, 지금의 제가 되었습니다.

제 3 장

학교에서 가르쳐주지 않는 '시험 대책'

평소의 공부 성과가 나오는 학교 시험.

내신 점수, 입시에도 보탬이 될 수 있게

지금부터 시험 대책을 세워보세요!

시험 점수를 올리려면 어디서부터 손을 대야 할까?

01

▶ 먼저 2과목을 올리는 데 집중한다

똑같이 300점을 맞는다고 하면 어느 쪽을 선택해야 할까?

모두가 기본적으로 국어, 영어, 수학, 과학, 사회(이후로 '국영수과사'로 표기) 5과목에서 승부를 보려고 할 텐데, 5과목을 전부 열심히 공부하겠다며 헛된 시간을 낭비하는 학생이 있습니다.

그러면 다음 A와 B 중 어느 쪽이 나을까요?

A 5과목이 전부 60점을 맞아서 총 300점

B 100점, 100점, 100점, 0점, 0점을 맞아서 총 300점

아버님, 어머님 중에는 A처럼 되기를 바라는 분이 많을 것입니다. 부모로서 아이가 못하는 과목이 없었으면, 전체적으로 수준을 끌어올려서 평균점을 받았으면 하는 마음이겠죠. 그 심정은 충분히 이해합니다. 하지만 공부에 영 소질이 없는 아이라면 일

단 B를 목표로 했으면 합니다. 원래 전 과목에서 70점 이상을 받는 아이라면 전체적으로 수준을 끌어올리는 것이 가능합니다. 하지만 평균점에 한참 못 미치는 아이가 전 과목을 공부하는 건 피했으면 합니다. 공부 에너지가 5개로 분산되어 목표한 만큼 시험 점수를 올리기 어렵기 때문입니다.

결과를 내는 데 집념을 가졌으면

공부 의욕을 끌어올리기 위해선 무엇보다 '성적이 오르는' 체험을 하는 것이 중요합니다. '열심히 공부했지만 성적이 전혀 오르지 않았다'는 경험은 가능하면 안 했으면 합니다. 처음에는 열심히 공부할 과목을 정해서 공부하는 것도 하나의 방법입니다.

사실 한 과목만 공부해도 괜찮지만 그러면 불안해하는 아이도 있으니 두 과목을 공부합니다. 여력이 있으면 세 과목을 공부하는 것도 나쁘지 않습니다. '이번 시험에서 이 과목은 반드시 점수를 올릴 거야!'라고 마음먹은 과목을 몇 개만 추려서 공부해보세요.

그래서 '점수가 올랐다!'라는 성공체험을 할 수 있다면 공부하는 재미를 실감할 수 있고 동기부여가 돼서 다음부터는 승부를 볼 과목 수를 늘릴 수 있을 것입니다.

수학을
잘하려면?

▶ 수학은 '차근차근' 공부하는 과목, 때로는 포기할 줄도 알아야 한다

수학은 '차근차근' 공부해 나가는 과목

많은 학생이 수학에서 좌절하는 이유는 '차근차근' 공부해야 한다는 부분에 있습니다.

지금 당면한 문제를 풀기 위해서는 대개 그 문제와 이어지는 그 전 단원을 알아야 합니다.

가령 1, 2학년 교과서에 나오는 문제를 풀지 못하면 3학년 교과서에 나오는 문제도 이해하지 못합니다. 이러한 인식이 없으면 문제를 풀지 못하는 원인도 알지 못하므로 "안 돼, 역시 수학은 어려워!"라고 수학에 자신감을 잃게 됩니다.

그에 비해 과학은 단원마다 다른 분야가 나와서 1학년 때 배운 내용을 잘 몰라도 2학년 수업을 듣는 데 문제가 없습니다.

하지만 수학은 아닙니다. '수학을 열심히 하자!'고 결심해도 지

금 공부하고 있는 부분만 알아서는 소용이 없습니다.

워크북을 '반복해서' 푸는 것도 중요하다

그리고 수학에서는 연습 문제를 여러 번 '반복'해서 푸는 것도 중요합니다. 이 점을 인식하지 않으면 역시나 좌절하게 됩니다.

'국영수과사' 5과목 중에서도 수학은 워크북에 나오는 문제를 풀면 풀수록 결과가 잘 나오는 과목입니다. 다만 워크북에 나오는 문제는 '한 번 풀면 끝'이 아니라 여러 번 반복해서 풀어야 확실히 내 것이 됩니다.

반복해서 푼다고 해서 처음부터 마지막까지 전부 반복해서 풀라는 게 아닙니다. 처음에 풀 때는 다음 기준에 따라 ○△×표시를 하세요.

○ | '여유 있게 푼' 문제.

△ | 정답을 맞혔지만 자신이 없는 문제나 힌트를 보고 푼 문제, 아깝게 정답을 놓친 문제.

× | 전혀 몰랐던 문제.

○가 표시된 문제는 시간이 아까우니 다시 풀 필요가 없습니다.

△와 ×가 표시된 문제는 확실하게 풀 수 있을 때까지 여러 번

반복해서 풀어주세요(단, 이어서 알려드릴 '버리는 문제'에 해당되는지 판단할 필요가 있습니다).

이렇게 공략이 필요한 문제만 남기고 뺄 건 빼면 아직 불안이 남은 문제를 집중적으로 풀 수 있습니다. 그러면 공부 효율도 올라가고 결과도 확실하게 나옵니다.

워크북에는 '버려도' 괜찮은 문제도

수학 워크북을 풀 때(수학에만 국한된 말은 아니지만), 한가지 더 주의할 점이 있습니다. 그것은 처음부터 포기하고 공부하지 않는 '버리는 문제'를 가리는 것입니다. 중요한 문제이니 설명하고 넘어가겠습니다.

지금은 어느 워크북에나 문제 수준이 표시되어 있습니다. 가령 기초 문제, 응용문제, 발전 문제 등으로 말이죠.

발전 문제는 상당히 어려운 문제입니다. 그래서 앞에서 나온 ○△× 중에 '×'에 해당하는 문제가 많습니다.

정기 시험에서 늘 80점 이상을 노릴 정도의 학생이라면 이런 문제도 열심히 풀어야겠지만, 아직 그 수준이 아니라면 이 '문제는 버려도' 됩니다.

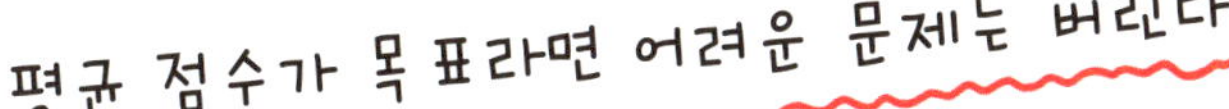

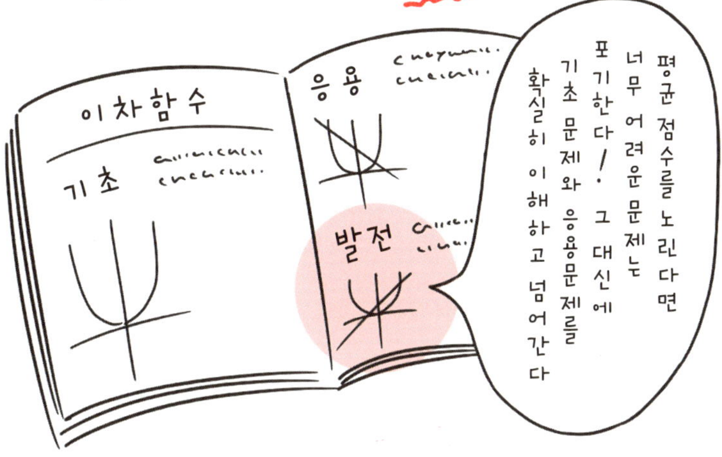

적어도 평균 점수가 목표라면 발전 문제에 시간을 들이기보다 기초 문제나 응용문제를 확실히 풀 수 있게 힘을 쏟으세요. 성적을 올리기 위해서는 풀 수 있는 문제를 늘리는 것과 그런 문제가 뭔지 확인하는 것이 아주 중요합니다.

이는 워크북만이 아니라 실전 테스트를 풀 때도 마찬가지입니다(→76페이지).

문제를 버릴 수 있는 용기를 갖고 자신의 힘으로 풀 수 있는 문제를 늘리세요.

영어는 어디서부터
시작하면 좋을까?

영어의 두 기둥은 '단어'와 '문법'

영어는 단어를 모르면 아무것도 시작할 수가 없습니다. 당연하지만 이러한 현실을 외면해서는 안 됩니다.

발음도 중요하지만 일단은 '단어'와 '문법'이라는 2개의 기둥을 기준으로 하여 실력을 길러봅시다.

이 두 기둥 중에서 중학교에서 배우는 '문법'은 실제로 그렇게 양이 많지 않습니다. 영어에 자신이 없는 사람이라면 어마어마하게 느껴지겠지만 막상 가르쳐보면 그렇지 않습니다. 1, 2주 만 마음먹고 공부하면 전부 외울 수 있는 양입니다.

그래서 문법에 관해서 걱정하지 않아도 됩니다. 그보다 단어를 몰라서 영어 문제를 풀지 못하는 사람이 많을 것입니다. 단어 하나를 몰라서 영문의 의미를 모르는 경우가 자주 있습니다.

영어단어 암기를 매일의 일과로

영어를 공부하기로 마음먹었다면 문법을 공부하면서 동시에 단어도 외우세요. 중학교 3년 동안 배우는 영어단어는 1,000개가 넘습니다.

정신이 아득해질지도 모르지만 1,000개의 단어를 전부 완벽하게 외워야 하는 것은 아닙니다. 많이 쓰이지 않는 단어라면 잘 몰라도 영문을 읽는데 큰 지장은 없을 것입니다. 하지만 1,000개 중에서 400개에서 500개는 반드시 외워야 하는 단어입니다. 이 단어를 다 외우면 영어로 된 글도 제법 술술 읽을 수 있을 것입니다.

5개든 3개든 1개씩이라도 자신이 할 수 있는 범위에서 하루에 암기할 개수를 정하고 습관을 들여보세요(구체적인 암기 습관에 대해서는 94페이지 참조).

교과서에 나오는 단어를 순서대로 외워도 좋고, 서점에 가서 단어장을 사도 좋습니다.

요새 나오는 단어장은 뒤로 갈수록 수준 높은 영어단어가 나오는 터라 처음부터 외우면 자연스럽게 자주 쓰는 필수 단어부터 외울 수 있습니다.

국어 공부를 할 때
주의할 점은?

▶ 서술형 문제를 풀 수 있는 것은 한 번뿐. 해설을 잘 읽어보자

워크북은 한 번 풀면 찢어버린다는 생각으로

국어는 수학 등과는 다르게 반복해서 공부하기 어려운 과목입니다. 워크북을 여러 번 다시 풀기보다 문제 하나를 완벽하게 익히고 그 답이 왜 나왔는지를 이해해야 실력을 기를 수 있습니다.

물론 문법이나 한자 읽고 쓰기 문제라면 여러 번 반복해서 써야 의미가 있습니다.

하지만 서술형 문제는 한 번 풀고 나면 답이 기억나서 다시 푸는 의미가 없습니다.

그러면 어떻게 해야 국어성적을 올릴 수 있을까요?

문제를 풀기보다 해설을 읽는 것이 더 중요하다

예외적으로 정기 시험은 기본적으로 학교 교과서에서 문제를

내기 때문에 시험 점수를 받기 위해 같은 교과서에 실린 서술형 문제를 푸는 것도 의미가 있습니다. 단 상급학교 입시에는 당연히 처음 보는 서술형 문제가 나옵니다.

'○○가 의미하는 것을 본문에서 세 글자로 써내시오'라거나 '4가지 선택지에서 내용에 맞는 것을 하나 고르시오'라는 문제를 흔히 볼 수 있습니다.

답은 당연히 출제된 문제에 따라 달라지고요.

따라서 국어 문제는 푸는 것 자체보다도 그 뒤에 나오는 해설을 꼼꼼하게 읽는 것이 중요합니다.

왜 이 선택지가 정답이었는지, 무엇이 마음에 걸렸는지 문제를 철저히 분석하면 출제 경향이 보여서 다른 서술형 문제도 응용하여 풀 수 있게 될 것입니다.

국어 참고서를 고를 때도 참고서에 나오는 문제가 아니라 답의 '해설' 부분을 보고 결정했으면 합니다.

과학과 사회는 어떻게 암기할까?

▶ 과학은 계산과 실험이 중요하며, 사회는 정보를 연관지어 기억하자

과학은 계산도 필요하고 실험도 중요하다

암기과목으로는 과학과 사회가 있습니다. 이 두 과목은 비슷해 보이지만 포인트가 조금 다릅니다.

먼저 과학은 전기나 중력, 밀도와 같은 단원에서 계산식도 나오기 때문에 암기만이 아니라 반복해서 계산하는 연습도 필요합니다.

그리고 용어 암기만으로는 감당하기 힘든 '실험'이 있는 것도 큰 특징입니다. 실험은 정기 시험과 입시에 자주 나오는 단골 소재입니다.

그런데 실험을 '이런 것도 있구나' 정도로 대충 이해하고 넘어가면 점수가 잘 오르지 않는 함정에 빠집니다.

실험은 무엇을 하느냐는 '목적', 무엇을 아느냐는 '결과', 그때 쓰는 '실험기구' 등을 한 세트로 묶어서 이해해야 합니다.

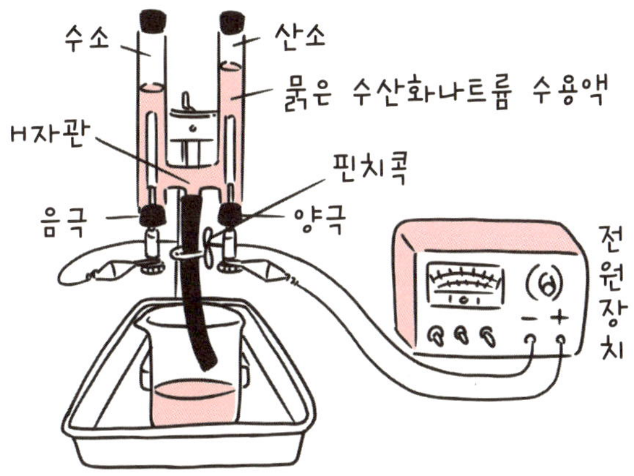

목적 : 물을 수소와 산소로 분해한다.
결과 : 물에 묽은 수산화나트륨을 섞어서 전류를 흐르게 하면 수소와 산소가 2대 1의
체적비로 생성된다.
실험기구 : H자관, 전원장치, 비치코크 등.

가령 물의 전기분해 실험이라면 각각 다음과 같은 내용이 됩니다. 처음에 실험의 전체 그림을 머릿속에 넣고 나서 어떤 '순서'로 실험을 하는지 기억해 두면 쉽게 이해할 수 있을 것입니다.

그리고 '주의할 점'도 실험에서 자주 나오는 문제이니 체크해 둡시다.

'주의할 점'이란, 다른 실험의 예를 들자면 '자극성 냄새가 나는 것은 직접 냄새를 맡지 말고 손으로 부채질해서 맡는다'와 같이 실험을 하면서 조심해야 할 점을 가리킵니다.

시험을 보면 이런 실험 문제에서 어이없이 틀리는 사람이 많아서 정말로 안타깝습니다. 앞으로 과학 성적을 올리고 싶은 사람은 실험을 눈여겨보세요.

사회 암기는 연습 문제와 한 세트로

한편 사회는 완전히 암기과목입니다. 하지만 사회는 교과서에 쓰여 있는 용어만 암기해서는 시험 점수가 잘 오르지 않습니다.

가령 '훈민정음 창제'를 외워도 어디에서 나오는지 모르면 아무 의미가 없습니다. '훈민정음이 어떤 문제의 답인지' 알지 못하면 점수를 받을 수 없습니다.

이것을 극복하기 위해서는 암기와 그 뒤에 나오는 연습 문제 풀이를 한 세트로 공부해야 합니다. 암기한 용어와 그것이 답이 되는 문제를 조합하여 머릿속에 집어넣는 작업을 하는 겁니다.

이렇게 연결시켜서 세트로 외우는 공부를 하지 않으면 사회는 놀랄 만큼 실력이 늘지 않습니다.

하지만 거꾸로 말하면 암기와 연습 문제를 한 세트로 묶어서 공부하면 아주 쉽게 점수를 올릴 수 있는 과목이기도 합니다.

연습 문제를 반복해서 풀면 '세종대왕', 훈민정음을 창제하여

쉽게 글자를 익힘'이라는 정보가 자연히 연결됩니다.

그러한 관계를 다음과 같은 마인드맵으로 그려서 정리하면 각 키워드의 연결고리를 쉽게 알 수 있습니다.

연습 문제를 계속 풀다 보면 이런 마인드맵으로 연결된 그림이 머릿속에 자연히 만들어집니다.

시험 볼 때는 한번 더 보기 위해 △와 ×표시를 하면서 푼다

▶ 더 효율적으로 다시 보기가 가능하고 시험 점수도 오른다

시험 보며 부주의한 실수를 하지 않기 위해

66페이지에서는 수학 워크북을 풀 때 포기할 문제는 포기하고 확실하게 풀 수 있는 문제만 주력해서 풀라고 조언했습니다. 그러한 방식은 시험에도 적용됩니다.

요컨대, 시험을 볼 때도 문제의 난이도를 생각합니다.

구체적으로는 문제를 풀면서 표시를 하는 겁니다.

어떻게 표시하든 자유지만 저는 △나 ×로 표시했습니다.

△ | 일단 답은 적었으나 자신이 별로 없는 애매한 문제.

× | 너무 어려워서 낑낑대고 풀어도 힘든 모르는 문제.

시험에서 확실히 점수를 올리기 위해서는 먼저 부주의한 실수

를 하지 않는 것이 중요합니다. 어떻게 하면 실수를 하지 않을까? 문제를 하나하나 시간 들여 풀거나 나중에 다시 보는 시간을 만드는 2가지 선택지가 있습니다.

제가 추천하는 방법은 후자입니다.

시간이 허용하는 한, 여러 번 다시 보는 것입니다. 그러기 위해서는 남은 시간을 최대한 많이 확보하는 편이 좋겠지요. 그러려면 최대한 빨리 푸는 힘이 필요합니다. 그래야 표시해 놓은 것이 힘을 발휘합니다.

실수하기 쉬운 문제도 파악해 두자

잘못하다간 실수하겠다고 느껴지는 문제가 여러분에게도 있을 것입니다. 그런 문제에도 △ 표시를 하세요. 아무것도 표시되지 않은 문제보다 △ 표시가 된 문제를 중점적으로 다시 본다면, 더 효율적으로 실수를 잡아낼 수 있을 것입니다.

푸는 속도를 빠르게 하기 위해서는 어려운 문제에 × 표시를 하고 다음 문제로 넘어가는 것도 중요합니다. × 표시한 문제를 풀 때는 시간을 너무 들이지 말고 과감히 포기하는 용기도 필요합니다.

시험 본 날 나중에 다시 볼 문제를 체크한다

07

▶ 시험 본 문제를 복습할 때 공부의 질이 올라간다

복습할 준비를 해둔다

뭔가를 공부하고 나면 바로 복습해서 머릿속에 집어넣는 것이 중요합니다(→92페이지). 그런 의미에서 학교에서 치르는 정기 시험은 복습에는 맞지 않는 시험입니다.

왜냐하면 대부분의 학교가 시험을 보는 당일에 답을 알려주지 않기 때문입니다. 학원에서 전국모의고사 시험을 보면 시험이 끝나자마자 자세한 답이 적힌 해답지를 나눠주는 것이 일반적입니다. 하지만 학교는 그렇지 않습니다.

그렇다고 학생이 직접 채점할 수도 없어서 채점된 시험지가 돌아오는 1주일 동안 그대로 손을 놓고 있다가 까맣게 잊어버리게 됩니다.

그럴 때, 정말로 실력을 기르고 싶다면 시험을 치르고 나서 그냥 가만히 있지 말고 약간의 수고로움을 감수해야 합니다.

채점은 하지 못해도 그날 안에 시험지를 다시 보고 문제를 체크할 수는 있습니다. 그때, '복습하면 좋겠다' 싶은 문제를 알아볼 수 있게 표시해 두세요.

그러면 복습할 때, 공부 효율이 배로 높아집니다.

다음에는 풀 수 있도록

'나중에 한번 더 철저히 복습하면 좋을' 문제는 앞에서 소개한 시험 칠 때 한번 더 보기 위해 △나 ×(→76페이지) 표시한 문제와 거의 문제 경향이 겹칩니다.

여기서도 × 표시한 문제보다 △ 표시한 문제를 우선해서 복습하는 편이 좋습니다. 단 × 표시한 문제 중에서도 해설을 보면 '의외로 간단하네!'라고 느껴지는 문제가 있을 테니, 꼭 도전해보세요.

아무 표시도 없어서 '아주 쉬웠나 보다!'라고 보이는 문제도 철저히 복습해서 자기 것으로 만듭시다.

이렇게 하나하나 복습하다보면 자신이 없어 풀지 못했던 문제도 다음번엔 확실하게 풀 수 있게 될 것입니다.

정기 시험과 수험 공부 중 무엇을 우선해야 할까?

08

▶ 정기 시험 직전에는 정기 시험 위주. 그러면 자연히 수험 공부가 된다

지금은 무엇을 위해 공부하고 있는가?

정기 시험을 보기 직전에 수험생들이 자주 하는 질문이 있습니다. "수험 공부도 해야 하는데 정기 시험을 봐야 해요. 어떤 걸 공부해야 할까요?"라는 질문입니다.

솔직히 말하면 "둘 다!"라고 말하고 싶지만 여기에서 팁을 살짝 알려드리겠습니다. 어느 공부를 우선하느냐는 '목적'에 맞게 생각해 봐야 합니다.

정기 시험에서 열심히 공부하는 이유는 시험 결과가 통지표에 반영되고 거기에서 나온 내신 점수가 입시의 합격을 가르는 판단의 재료로 쓰이기 때문입니다. 그래서 입시를 보기 전까지는 확실하게 점수를 따둬야 합니다.

그런데 3학년 후반쯤 되면 정기 시험 성적이 입시에 크게 반영

되지 않습니다.

그래서 그때가 되면 정기 시험보다는 수험 공부에 매진해야 한다고 생각합니다.

과학과 사회도 열심히 해야 하는 이유

단, 3학년 후반이 되어도 정기 시험 직전이 되면 시험 범위를 집중해서 공부해주세요.

왜냐하면 정기 시험의 공부 범위가 수험 공부 범위에도 들어가기 때문입니다. 공부해 두면 입학시험을 치를 때, 손해를 보지는 않을 것입니다.

또 "과학과 사회는 공부하지 않아도 되나요?"라고 질문하는 사람이 있는데, 이는 아마도 과학과 사회를 빼고 3과목만 입학시험을 보는 곳이 있어서일 것입니다.

하지만 모두 보는 입학시험을 볼 가능성도 있으니, 기본적으로는 5과목을 열심히 공부해 두어야 합니다.

더욱이 입학시험은 3과목만 보더라도 내신은 과학과 사회까지 보는 학교도 있습니다.

그 점에도 주의하세요.

지망학교가 정해지면 기출문제를 풀어도 될까?

▶ 중3 여름부터 시작해도 괜찮다. 기출문제를 맹신하지 않는 것도 중요

기출문제를 푸는 것은 중3 여름을 기준으로

수험 공부로 지망하는 학교의 기출문제를 푸는 게 좋으냐는 질문도 많이 받는 질문입니다.

결론부터 말하자면 기출문제는 중3 여름이 되고 풀면 됩니다. 일찍부터 시작해봤자 별 의미가 없습니다.

기출문제는 중학교 3학년까지 공부한 내용 전체가 범위인데, 너무 일찍 풀면 아직 배우지 않은 부분이 문제로 많이 나오기 때문입니다.

그래서 학원에서도 중3 여름방학이 되면 그제야 1학년 때부터 배운 과정을 복습하고 남은 분량을 예습합니다. 기출문제는 대체로 그 후에 도전하는 것이 보통입니다.

기출문제를 너무 맹신하는 것도 좋지 않다

기출문제를 풀어서 출제 경향을 파악하면 어디 어디를 주력해서 공부해야 하는지 알 수 있는 이점도 있습니다. 하지만 기출문제를 맹신하는 것은 위험합니다.

다음해 갑자기 지망하는 학교의 시험 경향이 바뀔 수도 있습니다. 가령 수학에서 지금까지는 배점 비율이 높은 대문제가 6개, 그 외에 배점 비율이 낮은 소문제가 나오는 것이 통례였는데 그 다음해에는 대문제가 4개만 나온 적도 있습니다.

그런데 기출문제를 너무 맹신하면 시험 경향이 바뀌었을 때 심하게 동요할 가능성이 있습니다. 그런 의미에서는 기출문제를 푸는 것이 도리어 안 좋은 영향을 미친다고 할 수 있겠죠.

애당초 입시에는 기출문제가 그대로 나오지 않으니 그저 연습 문제의 하나라고 생각해주세요.

기출문제는 중학교 3학년치가 모인 복합 문제라서 풀지 못하는 문제나 어떻게 푸는지 잊어버린 문제를 쉽게 찾을 수 있다는 장점은 있습니다. 기출문제를 통해 못 푸는 문제를 어떻게 푸는지 확실하게 이해하고 넘어가야 실력이 오릅니다. 그런 의미에서 '못 푸는 문제를 접해보는 것'은 아주 중요합니다(→108페이지).

공부 울렁증을 없애려면 친해지는 것부터

저는 대학에서 교육학부 초등교육과를 나왔고 수학을 전공했습니다. 원래는 수학을 잘하지 못했으나 고등학교 수학 선생님에게 배우고 나서 수학에 자신을 갖게 되었습니다.

그런 좋은 기억이 있어 아직 유치원에 다니는 어린 아들도 수학에 강해졌으면 하는 바람이 있습니다. 그래서 매일 거실과 목욕탕에서 놀이 삼아 수학적 머리를 쓰는 게임을 하고 있습니다.

처음에는 "전부 몇 개일까?"라는 간단한 질문으로 시작합니다. 아들이 답을 맞히면 크게 칭찬해주는데 그러면 신이 나서 "한 번 더 하고 싶어!"라고 외칩니다. 그렇게 해서 이런저런 문답을 주고받으며 어느 정도 아들의 기분이 좋아질 때쯤, 일부러 어려운 문제를 냅니다.

그러면 문제 놓친 걸 억울해하며 손을 번쩍 들고 다시 도전합니다. 이것이 아들이 '아빠가 내는 수학 게임 재미있어!'라고 말하는 비결입니다.

지금까지 수학에 자신이 없는 학생이나 수학 알레르기가 있는 어른을 볼 때마다 참 안타까웠습니다. 개인적으로 수학을 잘해서 나쁠 건 절대로 없다고 생각하기 때문입니다.

아들도 일단은 수학 울렁증을 갖지 않게 수학과 친해지는 것부터 시작했는데 어떤가요? 이러한 접근방식이 여러분이 하는 공부와도 통하는 데가 있지 않나요?

제4장

'공부의 일상화'로 차이를 만든다

매일 꾸준히 공부할 수 있는 사람이 되려면

일상적으로 습관을 들이는 것이 제일 좋은 방법입니다.

추천하는 공부 루틴을 소개합니다!

수업 중에 복습할 곳을 체크해둔다

▶ 수업에 집중할 수 있고 집에서도 바로 공부할 수 있다

수업을 듣고 이해했다면 복습할 필요가 없다

먼저 학교에서 했으면 하는 루틴(routine, 정해진 순서, 동작, 습관을 가리킨다)은 오늘 집에서 할 복습할 부분을 수업 중에 정하는 것입니다.

수업을 들으면서 '잘 이해했는지 미심쩍은' 부분을 체크해 두면 나중에 굉장히 편해집니다.

집에 돌아가서 어디를 복습해야 할지를 생각하면 그만큼 시간이 걸립니다.

선생님의 수업을 확실히 이해했다면 그 부분은 따로 복습하지 않아도 됩니다.

물론 복습하지 않아도 다 이해했다고 자신 있게 말할 수 있을 정도여야 하겠지만….

수업을 듣다가 조금이라도 미심쩍은 부분이 있으면 집에 가서 복습해야 한다고 생각하고 노트나 교과서에 표시해 두세요.

수업 중에 최대한 흡수하겠다는 의식을

집공부하는 사람은 선생님에게 직접 배우는 학교 수업은 굉장히 중요합니다.

수업은 그저 노트를 필기하는 시간이 아닙니다. '나중에 집에서 공부할 거니까 괜찮아'라고 생각하지 말고 선생님이 가르쳐주는 것을 최대한 많이 흡수하세요.

특히 수업 중 복습할 곳을 철저히 가려가면서 수업을 들으면 집중력도 그만큼 높아집니다.

졸음도 달아나고 일석이조입니다.

동아리 활동을 하면 집에서 공부하는 시간이 현저히 줄어들겠지만 학교에서 앉아 있는 45분에서 50분의 수업 시간은 모두에게 평등하게 주어지는 시간입니다.

그러니 조금이라도 더 배워서 집에 돌아옵시다. 그것이 쌓이고 쌓여서 훗날 성적이란 이름으로 되돌아올 것입니다.

'어디가 시험에 나올까?'를 예상하면서 수업을 듣는다

▶ 실제로 시험에 나오는 곳을 알 수 있다. 졸음을 쫓는 대책도

수업을 빠짐없이 들으면 알 수 있다

학교 수업을 들을 때, 또 하나의 비결은 '○○선생님은 이 부분을 다음 정기 시험에 내려 나!"하고 계속 예상하면서 듣는 것입니다.

그렇게 수업을 들으면 좋은 점이 두 가지 있습니다.

첫 번째는 시험 대책으로써 선생님이 정말로 시험에 내려고 하는 부분을 예상할 수 있습니다.

수업을 주의해서 듣다 보면 선생님이 '이 부분이 중요해!'라고 강조한 부분이 있어서 시험에 나올 부분이 어디인지 유추할 수 있습니다.

그런 곳에는 노트나 교과서에 체크 표시를 하거나 동그라미를 치고 '이 부분이 중요!'하다고 메모해 두면 나중에 다시 보기에

편합니다.

어떤 표시든 자기만 알아볼 수 있으면 됩니다.

게임을 공략하듯 공부하면 집중력도 향상된다

시험에 나올 곳을 예상하면서 수업을 들으면 두 번째로 좋은 점은 수업 중에 졸기 어렵다는 점입니다.

일방적으로 선생님이 하는 말을 듣기만 하면 동아리 활동으로 피곤할 때, 점심을 먹은 뒤에는 졸음을 쫓느라 온 힘을 쓰게 됩니다. 하지만 '시험에 나올 것 같은 부분을 찾는' 능동적인 자세로 수업을 들으면 조는 횟수가 줄어듭니다.

선생님을 공략한다'는 생각으로 '어디를 시험에 내려고 하는지 반드시 찾아내겠어!' 하고 게임을 하듯이 시험에 나올 문제를 예상해보면 졸음을 쫓는 효과도 높아집니다.

덤으로 "선생님, 이것도 시험에 나오겠구나"라고 선생님의 출제 경향까지 알게 됩니다.

수업에 대한 집중력, 흡수력이 높아지면서 자연히 시험에 대비할 수 있게 됩니다. 일석이조, 삼조쯤 되는 공부 루틴이라고 할 수 있지요.

모르는 문제는 해설을 읽고 선생님에게 물어본다

▶ 몰랐던 이유를 알게 되고 비슷한 유형의 문제를 풀 수 있다

선생님에게 구체적인 질문을 하기 위해

워크북을 풀다 모르는 문제가 있을 때, 어떻게든 혼자서 풀어보고 싶은 마음은 충분히 이해합니다. 하지만 그런 문제에 시간을 너무 많이 들이지 않았으면 합니다. 학교 선생님에게 직접 물어볼 수 있다면 당장에 물어봅시다.

거기에 실력을 늘리는 핵심 요소가 들어 있습니다. 단 선생님에게 묻기 전에 한번 더 답과 해설을 꼼꼼히 확인해야 합니다.

이 단계를 거치면 그냥 '모르던 것'이 '해설에 있는 ○○부분을 모르겠다'라고 변합니다.

그러면 모르는 부분이나 그 이유가 선명히 보이면서 선생님에게 더 구체적으로 질문할 수 있게 됩니다.

집에서 워크북을 풀고 채점할 때도 맞았는지, 틀렸는지만 확인

하지 말고 틀린 문제의 경우 해설지까지 읽고 어디에서 막혔는지 확인해주세요.

'모르기만'하고 실력이 늘지 않는다

학원강사로 일할 때도 학생들에게 자주 질문을 받았는데, 질문하는 방식이 달랐습니다.

어떤 식으로 질문하느냐에 따라 그 뒤에 실력이 늘지 말지를 알 수 있을 정도였죠.

간단히 말해서 "선생님, 이 문제를 모르겠어요!"라고 묻는 학생은 실력이 늘지 않습니다. "이 문제의 ○○부분은 왜 이렇게 되는 거예요?"라고 묻는 학생이 역시나 실력이 늡니다.

어떤 문제도 풀지 못한다면, 거기에는 반드시 이유가 있을 것입니다.

기계가 고장이 났다면 어딘가에 반드시 중대한 결함이 있겠죠. 그와 마찬가지입니다. 모르는 이유를 찾아내야 확실하게 알고 넘어갈 수 있습니다.

"'뭘 모르는지' 모르겠어"라고 하면 방법이 없습니다. 하지만 막힌 지점이 어딘지 알면 바로 해결책을 구할 수 있습니다.

여력이 있으면
예습도 하지만 어디까지나
복습을 중심으로

▶ 시험 점수를 효율적으로 올린다. 입시를 준비하려면 예습도 필요하다

복습을 더 효율적으로 할 수 있다

당연한 말이지만 '예습을 할 수 있는 사람'은 '이미 복습한 사람'뿐입니다.

복습도 하지 않아 놓고 예습을 하겠다고 나서는 것은 주객이 전도된 꼴입니다.

예습은 무리해서 하지 않아도 된다고 생각합니다.

예습을 하면 수업에서 선생님의 설명을 쉽게 이해하겠지만 (→170페이지) 모르는 것을 혼자 힘으로 돌파해야 하는 난점이 있습니다.

보통 힘든 일이 아니죠.

그에 비해 복습은 한번 배운 것입니다. 수업 시간에 선생님이 해준 말을 떠올리면서 확인하면 됩니다.

어느 쪽이 더 빨리 시험 점수를 올릴 수 있고 편하게 배울 수 있을까요?

역시나 선생님의 지원을 받는 복습입니다.

지망학교의 기출문제를 풀 때는 예습부터

단, 본격적으로 수험 공부를 시작하면 예습이 필요한 순간이 찾아옵니다.

바로 지망학교의 기출문제에 도전할 때입니다.

가령 중학교 3학년이 되면 '피타고라스의 정리'를 배웁니다. 그래서 피타고라스의 정리와 이차함수가 섞인 복합문제가 입학시험에 자주 출제되고 기출문제에도 단골처럼 나옵니다. 하지만 교과서를 보면 맨 마지막에 배우는 단원이죠.

그러다 보니 문제를 풀려고 해도 피타고라스의 정리를 몰라서 "아니? 알 것 같은데 잘 모르겠어……"라는 상태가 됩니다.

교과서를 대강이라도 공부하지 않으면 기출문제를 풀기 어렵습니다.

기출문제를 풀고 싶다면 3학년 여름방학 무렵부터 예습을 시작해주세요.

암기는 같은 날 최소 2회, 할 수만 있으면 다음 날 아침, 하루 지나서 한 번 더 외운다

▶ 반복 암기하여 기억을 머릿속에 단단히 집어넣는다

일단은 기본 네 번, 그러고 나서 조정한다

영어단어나 역사의 연대 등 뭔가를 암기할 때, 제가 언제나 추천하는 것은 '같은 날 최소한 두 번은 외우고, 할 수만 있으면 3일 동안 4세트를 외운다'라는 것입니다. 가령 ① 저녁, ② 자기 전, ③ 다음 날 아침, ④ 다다음 날까지 총 4세트입니다. 같은 것을 네 번 확인하면 기억이 단단히 자리 잡아서 뒤에 복습할 양도 줄어듭니다.

아직 자기만의 스타일이 확립되지 않은 사람이라면 이대로 네 번만 외워보세요. 그러고 나서 '나는 세 번도 괜찮을 것 같아', '다섯 번 외우는 게 더 낫겠어'라고 자신의 페이스에게 맞게 조정하면 됩니다. 그러면 '이런 리듬으로 외우면 잊어버리지 않겠구나' 하는 감각도 포착하게 될 것입니다.

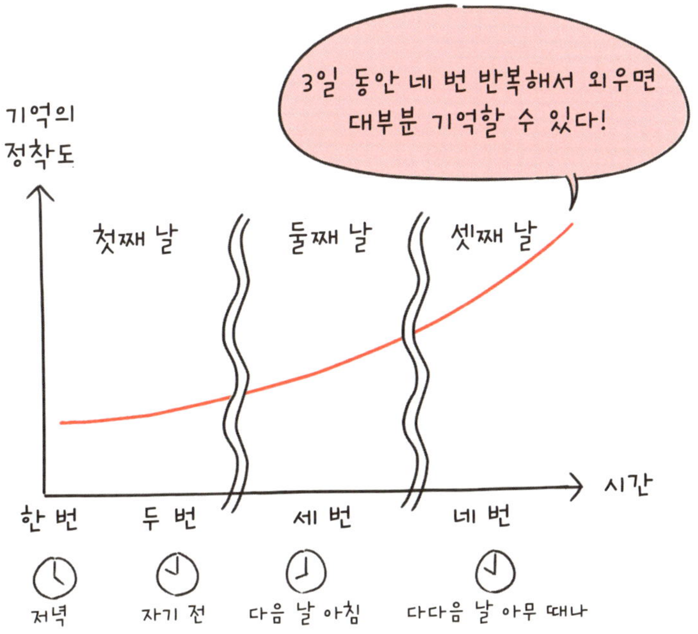

공부 루틴은 심플하게

이렇게 암기하는 것이 습관이 되면 확실히 실력이 생깁니다.

다만 암기도 근육 트레이닝이나 다이어트처럼 습관을 들이기가 무척 어렵습니다. 그래서 암기 루틴을 얼마나 심플하게 만드느냐가 중요합니다. 네 번을 반복해서 외우는 방법은 간단해서 습관들이기가 어렵지 않죠. 이 뒤에 설명할 '중간광고가 나오는 동안에 외운 걸 확인하는'(→96페이지) 방법도 따라 하기에 부담이 없어 쉽게 습관 들일 수 있을 것입니다.

생활 속에서
틈날 때마다 공부한다

▶ 컨디션이 나쁜 날에도 공부할 수 있다

텔레비전 광고가 나올 때마다 외운 것을 복습한다

공부를 전혀 하지 않는 온전히 쉬는 날이 있으면 안 된다고 말했는데(→58페이지), 여기에 틈새 시간을 활용하여 공부하는 방법을 추천합니다.

제가 자주 말하는 '텔레비전을 보다가 중간 광고가 나오면 영어단어를 외우자!'라는 것입니다. 이는 누구나 간단히 따라 할 수 있습니다.

가령 영어단어 20개를 외우면 그중에 두어 개는 강적이 나옵니다. 왜 외우려 해도 도저히 외워지지 않은 단어들 있잖아요? 그런 단어는 '그 페이지 오른쪽 상단에 있었는데, 뭐였더라' 생각이 날 듯 말 듯 기억나지 않을 때가 많습니다. 그러면 광고가 나올 때마다 생각해보는 겁니다.

"맞다, 거기 있던 단어가 interesting였어. 의미는…… '흥미진진한'이었구나!"라는 느낌으로 말이지요.

그냥 떠올리기만 해도 공부가 됩니다. 책상에 앉아서 하는 것만이 공부가 아닙니다. 똑같이 영어단어를 공부한다고 해도 '책상에 앉아서 10번 쓰는' 것과 비교하면 이 방법이 따라 하기 훨씬 쉽습니다.

생활 속에서 습관을 들이면 더 강해진다

저도 기본적으로는 책상에 앉아서 문제를 푸는 것이 공부라고 생각합니다. 하지만 책을 펴놓고 공부할 상황이 아니라면 이런저런 틈새 시간에 공부하면 됩니다.

가령 갑자기 일이 생겨서 어딘가에 가야 한다면 이동하는 시간을 쓰면 되죠. 매일, 이를 닦는 시간이나 목욕을 하는 시간에 외워도 괜찮을 것입니다. 외우는 시간이 많으면 많을수록 머릿속에 단단히 자리 잡을 것입니다.

그리고 매일 습관처럼 정해진 시간에 공부할 수 있으면 바람직한 결과라고 할 수 있습니다. 언제나 틈새 시간이 생길 때마다 저절로 공부를 할 수 있을 테니까요.

교과서를 공부할 때는 연습 문제와 세트로 푼다

▶ '안 것 같은 착각'에 빠지지 말고 확실하게 머릿속에 집어넣는다

직접 풀어보지 않으면 어설프게 알고 넘어가기 십상

교과서를 공부할 때는 '반드시 연습 문제와 한 세트로 푸는' 것이 철칙입니다.

뭔가를 공부했다면 그것과 관련된 연습 문제를 바로 풀어서 확실히 머릿속에 집어넣어야 합니다.

특히 수학 교과서에는 설명 뒤에 예제가 나오고 풀이 과정이 실려 있습니다. 풀이 과정을 보면 직접 풀지도 않아도 이미 '다 푼 것 같은 착각'에 빠집니다.

하지만 막상 그와 비슷한 문제를 풀려고 하면 어설프게 배워서 제대로 풀지 못합니다.

그렇게 되지 않으려면 공부한 뒤에 바로 힌트를 보지 않고 비슷한 문제를 푸는 습관을 들여야 합니다.

매일 그날 수업 시간에 배운 것을 집에서 복습하자고 앞에서 말했습니다(→86페이지). 여기에 연습 문제까지 풀면 공부 효과가 배로 늘어날 것입니다.

워크북은 풀고 나서 바로 채점한다

▶ 시간을 끌지 않아야 확실히 배운다

채점은 맞았는지 틀렸는지를 확인하려고 하는 게 아니다

앞에서 교과서와 연습 문제를 한 세트로 공부하라고 말했는데, 여기에 더해 채점도 중요합니다.

그저 맞았는지 틀렸는지를 확인하려고 채점을 하는 것이 아닙니다. 문제를 풀다가 헷갈렸던 부분이나 틀린 곳을 해설까지 꼼꼼하게 읽고 확실하게 배우기 위해서 하는 것입니다. 그리고 타이밍상 문제를 푼 바로 뒤에 채점하는 것이 가장 좋다고 생각합니다. 가능하면 시간을 두지 말고 채점해주세요.

문제를 풀기만 하고 '채점은 밥을 먹고 나서 할까', '목욕하고 나서 할까'라며 지체한다면 그 시간이 너무 아깝습니다.

왜냐하면 한 시간이라도 지체되면 자기가 어떻게 문제를 풀었는지 잊어버리고 그저 맞고 틀렸는지만 확인하는 작업이 되어버

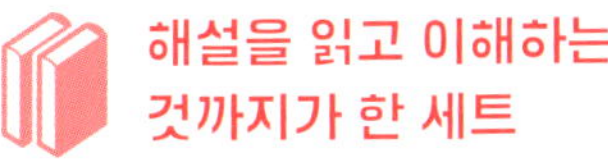

해설을 읽고 이해하는 것까지가 한 세트

단계 1 교과서·참고서를 읽는다

단계 2 연습 문제에 도전

단계 3 바로 채점 & 해설을 읽는다

리기 때문입니다.

또 틀린 문제 해설을 읽고도 '아아, 그렇게 생각할 수도 있구나!'라고 깊이 받아들이지 못하고 대충 흘려 넘기는 사람도 적지 않을 것입니다.

노트에 필기할 때 주의해야 할 것은?

▶ 미래의 자신을 위해 노트에 필기한다. 자기만의 개성을 드러내는 기회로

법칙을 정하고 일러스트도 넣는다

선생님에게 제출할 때도 있지만, 모든 노트는 기본적으로 누군가에게 보여주기 위해서가 아니라 미래의 자신을 위해 작성하는 것입니다. 노트를 작성한다면 미래의 자신이 봤을 때, '이걸로 공부하고 싶다'고 생각이 드는 노트를 만듭시다.

무엇보다 중요한 것은 나중에 편하게 공부할 수 있는 노트여야 한다는 점입니다. 즉, 다시 보고 싶은 곳을 바로 찾아볼 수 있는 검색이 편리한 노트여야 합니다.

그런 노트를 만들려면 가령 '주제나 표제는 매번 페이지 상단, 그것도 왼쪽 위에 적는다'라고 자기만의 법칙이 있어야 합니다.

매번 주제가 노트 왼쪽 상단에 쓰여 있으면 보기 편하지 않을까요?

 **필기를 잘하는 데 필요한 요건**

정보량	그냥 많다	에서	다시 보기 편리한 검은색
글씨	또박또박(공들여 씀)	에서	법칙성
색깔	색 수	에서	색의 의미
여백	적다	에서	많다
칠판 반영	그대로 베껴 쓴다	에서	시험에 나올 법한 부분을 골라 쓴다

이 책도 그렇지만 책이나 교과서도 주제가 되는 표제는 대체로 같은 곳에 배치되어 있습니다.

그렇게 자기만의 책과 교과서를 만든다는 느낌으로 노트 필기를 해주세요.

저도 노트를 휘리릭 넘겼을 때, 늘 주제와 표제가 같은 곳에 오도록 왼쪽에 고정시켜 놓았습니다.

노트 필기가 어중간한 지점에서 끝나면 다음 주제를 필기할 때는 새로운 페이지에서 시작합니다. 단락을 단원별로 지을지, 수업 별로 지을지는 각각 자신이 쓰기 편한 대로 정하면 됩니다.

일러스트나 기호를 활용하자

그 외에도 노트를 작성할 때 문자 정보만이 아니라 일러스트와 기호, 말풍선 등을 넣는 것이 요령입니다. 그러면 오래 기억에 남게 됩니다.

예를 들면, 수업 시간에 선생님이 강조한 부분에 말풍선을 그리고 메모해도 좋겠죠.

제가 가르쳤던 학생 중에는 "노트 거기에 동그라미까지 쳐놨는데 틀렸어!"라고 어디에 무엇을 적어 놓았는지까지 기억하는 학생이 있었습니다. 일괄적으로 말할 수는 없지만 애착을 갖고 노트 필기를 하는 아이는 성적도 좋은 편입니다.

옛날에 《도쿄대 합격생은 노트를 깔끔하게 정리한다(東大合格生のノートはかならず美しい)》는 책이 베스트셀러였는데, 볼 때마다 저마다 특징이 짙게 배어 있어 놀라곤 합니다.

글씨가 또박또박 쓰여 있어서가 아니라 각각 자기만의 법칙으로 정리해놔서 군더더기가 없고 보기가 편하거든요.

왼쪽 페이지에 노트를 필기할 때 법칙이 될 만한 것을 정리해 보았습니다. 부디 참고하기 바랍니다.

노트 작성에 공을 들이자!

2022년 3월　노트에 자기만의 법칙을 만들자!

Date 　/　/　　　　　　　　　　　　　　　　　No.

◆ 큰 표제에 대하여

• 노트 왼쪽 상단에 날짜와 단원명을 기입한다

• 큰 표제를 넣을 때마다 페이지를 바꾼다

◆ 작은 표제에 대하여

• 아이콘(◆)을 넣어 노트 필기에 차별점을 준다

◆ 색 수에 대하여

• 검은색, 빨간색, 파란색, 형광펜의 4가지 색깔 이내로

• 색깔마다 의미를 부여한다

◆ 여백에 대하여

• 나중에 추가로 쓸 수 있게 여백을 많이 남긴다

◆ 그 외

• 복잡한 표나 그림은 프린트해서 붙인다

• 선생님이 칠판에 쓴 글이 아닌, 본인이 깨우친 것을
　말풍선이나 일러스트로 메모해놓는다

'자습 노트'를
작성한다

▶ 복습을 효과적으로 할 수 있고 이만큼이나 했다는 자신감이 생긴다

자습 노트를 한 권에 정리해 놓으면 성취감을 느낄 수 있다

학교 수업 시간만이 아니라 집공부를 할 때도 노트가 필요합니다. 추천하고 싶은 노트가 두 가지 있는데, 첫 번째는 '자습 노트'입니다.

자습 노트는 집에서 워크북을 풀 때 활용하는 집에서 학습용 노트로 작성하는 방법에는 요령이 있습니다.

일단 특별한 의미나 이유가 없으면 과목마다 나누지 않고 전부 한 권의 노트에 작성합니다. 그러고 나서 노트 왼쪽 가장자리에 자로 세로줄을 그어서 날짜와 워크북 페이지 수를 적습니다.

자습 노트를 만들면 정보가 한눈에 들어와서 복습하기가 수월하다는 이점이 있습니다. 한 권을 통째로 다 쓰고 거꾸로 휘리릭 넘겨보면 성취감과 자신감이 들 것입니다.

자습 노트의 사용법과 작성요령

이 효과는 생각보다 아주 큽니다. 공부할 의욕을 높이는데도 아주 효과적입니다.

그래서 초등학교에 다니는 자녀가 있는 보호자에게 페이지 수가 적은 얇은 노트를 사주고 한 권을 끝낼 때마다 "기특하네!"라고 칭찬해 주라고 부탁드린 적도 있습니다.

수험 전날, 지금까지 혼자 자습했던 노트를 묶어서 '이렇게 열심히 했으니 괜찮아!'라고 자신에게 말해주세요. 그러면 자기긍정감이 높아지고 자신감도 생길 것입니다.

'오답 노트'를 작성한다

▶ 자기만의 최강의 오리지널 교재를 만든다

틀린 문제를 스크랩해 놓는 노트도

'자습 노트'에 이어서 추천하는 노트는 '틀린 문제'를 스크랩하여 정리한 '오답 노트'입니다.

이 노트를 매일 빠짐없이 작성하면 훗날 자기만의 오리지널 교재가 완성되어 그 가치를 발휘할 것입니다.

스마트폰이나 태블릿PC를 가지고 있다면, 틀린 문제를 카메라로 찍어서 스스로 알아볼 수 있게 폴더에 정리해 놓아도 같은 효과를 얻을 수 있습니다.

그러면 오답 노트를 작성하는 데 부담이 없어서 꾸준히 만들 수 있을 것입니다. 워크북이라면 뒷면이 있어서 오릴 수도 없고 복사해서 붙이기도 번거롭잖아요?

안 보이는 곳이나 다른 페이지에 해답지를 붙여 두면 문제만

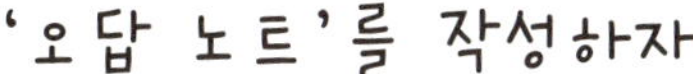

'오답 노트'를 작성하자

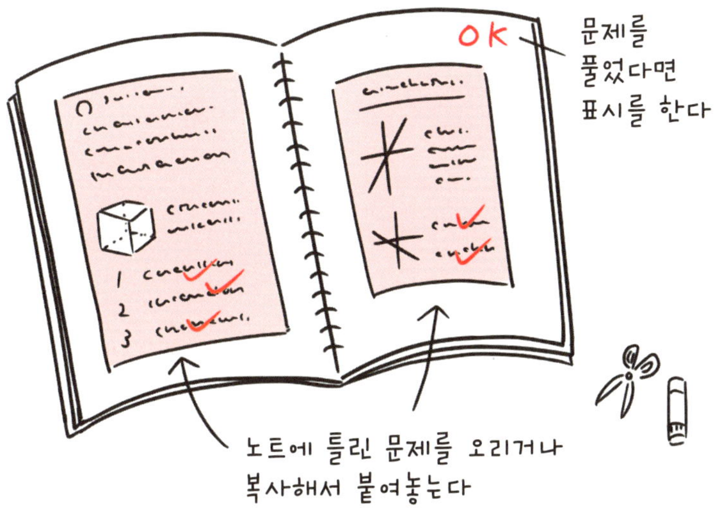

보고 여러 번 복습이 가능합니다.

여러 번 풀어서 술술 풀게 된 문제에 '이제 복습하지 않아도 괜찮아'라고 OK 표시를 해놓으면 괜히 다시 풀 필요도 없고 성취 정도도 실감할 수 있을 것입니다.

오답 노트는 '못 푸는 문제를 접해보는' 아주 소중한 기회이며 그 가치를 최대한으로 살릴 수 있는 하나의 방법입니다.

나중에 다시 보고 '전에는 이런 문제도 풀지 못했구나'라고 깨달았다면 스스로 칭찬해줍니다.

기본은 빨간색·파란색· 검은색 3색만 노트에 쓴다

▶ 중요한 부분이 눈에 확 들어온다

색 수가 많으면 도리어 눈에 잘 들어오지 않는다

보통 노트 필기를 할 때 몇 가지 색을 쓰나요?

제가 최선이라고 생각하는 색깔 수는 세 가지 색입니다. 빨간색, 파란색, 검은색 볼펜에 샤프펜슬이 있으면 그것으로 충분합니다. 그 외에는 중요한 부분에 간단히 표시할 수 있는 형광펜이 한 개 더 있어도 좋을 것 같습니다.

노트에서 색을 구분해서 쓰는 이유는 '중요한 부분'이나 '키워드', '외워야 할 부분'을 돋보이게 만들기 위해서입니다.

그것이 각각의 색깔에 의미를 부여하고 색을 구분해서 쓰는 이유입니다. 그런데 여기에 5가지 색이니, 6가지 색이니 색을 너무 많이 쓰면 '초록색은 뭐였지?', '노란색은 뭐였더라?'라고 어느 색이 어떤 의미였는지 헷갈리게 됩니다.

노트를 펼쳤을 때, 너무 색깔이 많으면 중요한 부분 하나하나가 눈에 잘 들어오지 않습니다. 그래서 최대한 색 수를 줄여서, 각각이 돋보이게 하는 것이 기본입니다.

무엇을 빨갛게 필기하고, 무엇을 파랗게 필기할까

제 경우는 이런 느낌입니다.

빨간색 | 중요한 포인트가 되는 곳에 사용한다. 키워드나 기억하고 싶은 부분도 빨간색으로 통일한다.

파란색 | 선생님이 시험에 내려고 한 부분이나 '시험에 낼 거야!'라고 말한 부분을 표시한다.

이렇게만 색을 구분해서 필기해도 복습하기가 수월해집니다. 또 최대한 심플하게 색을 나눠서 노트를 필기하면 정리하기도 편해집니다.

자신이 쓰기 편한 배색이 뭔지를 생각하면서 필기합시다.

누군가에게 가르쳐준다고 가정하고 아웃풋을 낸다

▶ 자기 안에서 정리되어 더 단단히 자리잡는다

인풋만 아니라 아웃풋도 중요하다

공부할 때는 암기와 같이 인풋하는 작업도 중요하지만 워크북을 풀거나, 시험에서 답을 구하는 아웃풋도 못지않게 중요합니다. 아웃풋을 해야 비로소 인풋한 것이 자기 안에 뿌리내렸는지를 알 수 있기 때문입니다.

아웃풋을 내는 가장 간단한 방법은 워크북을 푸는 것입니다. 그 외에 '누군가에게 가르쳐준다'는 방법도 있습니다. 다른 사람에게 가르쳐 줄 수 있다는 것은 그만큼 깊게 이해하고 있다는 증거입니다. 머릿속이 정리되어 있지 않으면 다른 사람에게 가르쳐 주기 어렵습니다.

또 이것은 자신이 얼마나 이해하고 있는지를 가늠해 보는 아주 효과적인 방법이기도 합니다.

누군가에게 설명해주면 이해가 깊어진다

하지만 실제로 다른 사람에게 가르쳐 줄 기회를 만들기는 참 힘들죠.

그래서 저는 집에서 '누군가에게 가르쳐 준다고 가정'하고 아웃풋을 내는 방법을 자주 씁니다. 가르쳐 줄 상대가 아무도 없을 때는 다른 사람에게 가르쳐 주는 척하며 공부한 내용을 소리 내어 말해봅니다.

계획표는 종이에 적든 디지털로 작성하든 상관없다

저는 수험생 시절, '해야 할 일 리스트'를 적은 간단한 계획표 페이지를 끼웠다 뺐다 할 수 있는 루스리프 노트에 작성했습니다. 왜냐하면 작성 후, 바로 테이프로 맞은편 벽에 붙여놓기 위해서였죠. 그렇게 해놓고 책상에 앉으면 싫어도 눈에 들어오게 되거든요.

그런데 만약 수첩이나 노트에 적는다고 생각해보세요. 보기 전에 '일단 노트를 펼친다'라는 행동을 한 번 더 해야 합니다. 그렇지 않으면 보는 걸 깜박 잊어버리거나 '굳이 펼치면서까지 보고 싶지 않아'라는 심리가 작용하여 보지 않고 무시할 수도 있습니다. 그러니 여러분이 스마트폰을 자주 들여다본다면 스마트폰 케이스에 간단한 계획을 적은 포스트잇을 붙여두어도 좋을 것입니다. 더욱이 최근에는 스마트폰에 공부 계획표를 간단히 작성할 수 있는 애플리케이션도 있습니다. 그러한 서비스를 적극 활용해보면 어떨까요?

제 5 장

지치지 않는 '집중력'을 얻을 수 있다

공부에 더 집중할 수 있다면…… 고민하는 학생이 많을 것입니다.

그런 고민을 단숨에 해결할 수 있는

집중력이 향상되는 비결을 가르쳐 드립니다!

집에서 학습은
'분할 공부법'을 기본으로

▶ 목표를 세분화하면 당면한 공부에 집중할 수 있다

공부 시간을 나누고 적당히 쉰다

지금 집에서 공부하는 사람 중에 집중이 안 돼 고민하는 사람이 있다면 아마도 목표 설정이 너무 높아서일 수도 있습니다.

'이것도 해야지', '저것도 해야지'.

조급한 마음에 무작정 내달리기만 해서는 집중력이 오래 가지 않습니다.

집중력을 향상시키는 비결로는 '분할 공부법'이 있습니다. 한 번에 오래 공부하는 게 아니라 공부하는 사이에 쉬는 시간을 집어넣는 등 시간을 나누고 시간마다 목표를 세분화하여 공부하는 방법입니다.

집에서 학습할 때도, 학교 수업과 마찬가지로 공부 시간을 나눠 적당히 쉬면서 공부합시다.

나는 오늘 얼마나 집중했는가?

공부는 시간이 아니라 공부량을 기준으로 계산해야 하지만 (→50페이지) 목표를 정하고 '한 시간 동안 얼마나 해내는지 알아보자'고 게임을 하듯 공부해서 집중력이 좋아지는 학생도 있습니다. 다만 시간을 정할 때는 자신의 집중력과 상담하여 무리하지 않는 범위 내에서 정해주세요. 가령 15분마다 쉰다고 치면, 그 15분 동안 놀라울 정도 집중하는 학생도 있습니다. 간단한 과제라면 그렇게 짧게 공부해도 괜찮다고 생각합니다.

또 집중할 수 있는 시간은 그날의 컨디션에 따라 달라지기도 합니다. 몸이 피곤할 때나 기분이 우울할 때는 '다음에는 이걸 해내야지!' 하고 마음먹은 것을 짧게나마 시간을 나눠 공부해보세요.

목적지가 멀수록 집중력이 떨어진다

구체적인 예도 소개해 보겠습니다.

가령 하루에 세 시간씩 공부한다고 하면, 세 시간을 '한 시간씩 세 번'으로 나눕니다. 그사이에 쉬는 시간을 넣게 되는데, 쉬는 시간이 너무 길면 다시 공부할 기분이 안 나니 5분이나 10분 정도 쉬는 것이 이상적입니다.

하루에 세 시간씩 공부하기로 계획했다면 학교에서 돌아온 뒤에 1시간, 저녁을 먹고 나서 1시간, 목욕하고 나서 1시간으로 나눠서 공부해도 좋을 것입니다.

여기서는 알기 쉽게 설명하기 위해 '1시간'을 기준으로 예를 들었지만 공부를 하다 어중간한 데서 끝나는 불상사를 막고, 공부의 효과를 올리기 위해서는 역시나 시간보다 내용이나 양으로 나눴으면 해서……, 정확히는 '1시간 동안에 할 수 있는 공부량'이라고 할 수 있습니다.

공부할 시간을 한 시간 정도 잡았다고 하면 '이 수학 워크북을 4페이지 정도는 할 수 있겠다'라고 목표를 정하고 실제로 해보는 것입니다. 1시간 안에 다 끝내지 못하면 시간을 연장해서라도 끝까지 해내세요. 그러면 한 시간 동안에 할 수 있는 공부량도 알 수 있게 됩니다. 세 시간치 공부를 한꺼번에 하려고 하면 상당한 양이 되겠죠.

인간은 목적지가 멀면 멀수록 집중력이 떨어집니다. 목표치에 다다르기도 전에 '조금 피곤하니까 스마트폰이라도 볼까' 한눈을 팔게 됩니다. 하지만 '수학 워크북 2페이지만 하자'라고 목표치를 정하면 1페이지를 끝냈을 때 좀 힘들어도 '이제 1페이지 남

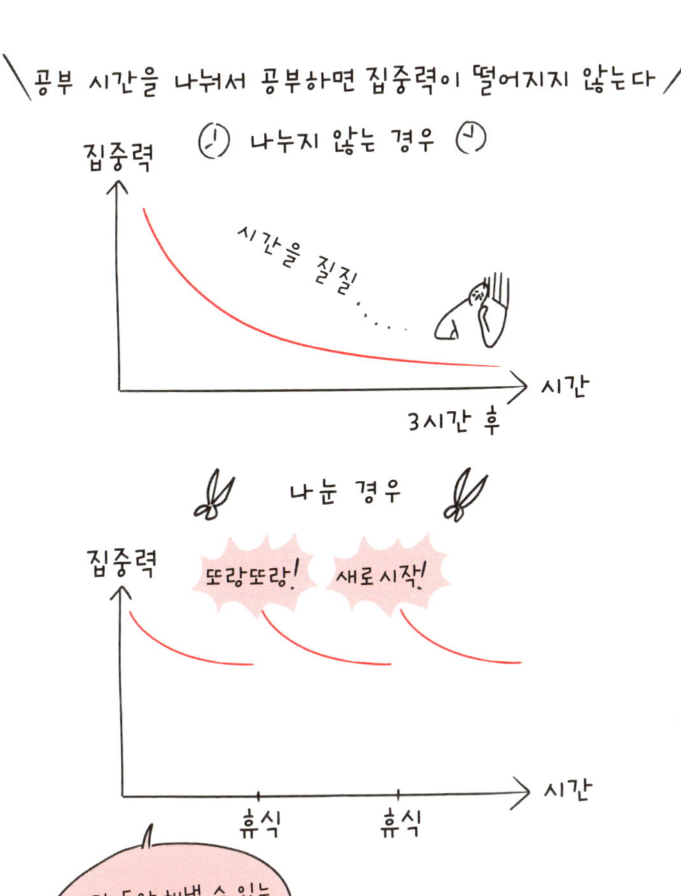

았다!'는 생각에 눈앞에 있는 목표치를 바라보며 힘을 낼 수 있습니다.

샤프펜슬을 쥔 손과 반대 손으로 문제를 둥글게 감싼다

▶ 문제를 빨리 풀 수 있다

반대 손도 책상 위에 올려놓는다

초등학생 시절에 선생님이 "연필을 쥔 손과 반대 손, 그러니까 오른손잡이라면 왼손을 공부할 때 책상 위에 올려놓으세요"라고 말하지 않았나요? 그렇게 조언한 이유는 바른 자세로 앉도록 하기 위해서입니다. 그런데 이것은 실제로 공부에 집중하는 데도 큰 도움이 되는 귀중한 조언입니다.

집중력이 떨어지면 힘도 빠지고 자세도 무너지잖아요?

정신을 차려보면 몸이 기울어져 있거나 엉덩이를 쭉 빼고 앉아 있기도 합니다.

이것이 공부에 나쁜 영향을 미칩니다.

그런데 손을 올려놓은 상태에서 지금 풀고 있는 문제를 둥글게 감싸면 집중이 더 잘 되어 문제를 빨리 풀 수 있게 됩니다. 흡사

문제를 손으로 둥글게 감싸면 집중력이 향상된다

약지와 엄지 사이에 문제를 끼워 넣은 듯이 손을 올려놓는 모습을 상상해보세요.

이것이 왜 집중력을 올리는 포즈인가 하면, 위의 포즈를 따라 하면 자연히 자세가 좋아지고 시선도 문제로 바로 초점이 맞춰지기 때문입니다.

제가 학원강사였던 시절, 중학생들에게도 해보라고 권했는데, 다들 자연스레 말수가 줄고 문제를 빨리 풀 수 있게 되었습니다. 집중하기 위해서는 자세를 바르게 하는 것도 중요합니다.

이 포즈를 취하면 자연히 자세가 좋아지니 한 번 해보세요.

책상의 잘 보이는 곳에 유혹하는 물건을 없앤다

▶ 무의식중에 집중력을 흐트러트리는 물건을 없앤다

눈에 보이는 것에는 주의가 필요하다

집공부에서 맨 먼저 다시 생각해봐야 하는 것은 공부하는 환경입니다. 지금, 공부하는 책상 주변은 어떤 상태인가요?

저는 단순히 '공부방을 깨끗하게 청소하자!'라고 말하고 싶은 게 아닙니다. 공부에 집중하기 위해서는 '보이는 것'에 주의해야 한다고 말하려는 겁니다. 간단히 말해서 공부하는 동안에는 '내가 유혹에 넘어갈 것 같은 물건'이 절대로 눈에 띠어서는 안 됩니다. 먼저 그런 물건을 정리하는 것부터 시작해주세요.

개중에는 '공부하는 동안에는 읽지 않으니까 괜찮아'라며 만화나 잡지를 책상 위에 올려놓는 학생도 있는데, 무의식중에 보면 신경이 그쪽으로 쏠리기 때문에 집중을 방해하게 됩니다.

또 좋아하는 아이돌 사진이나 애니메이션 포스터를 붙여놓는

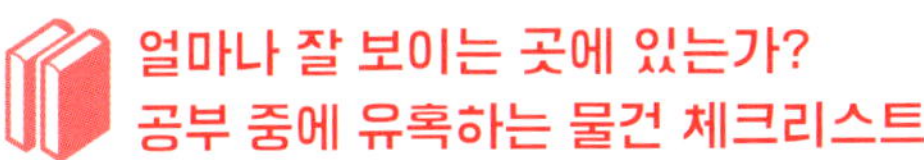

얼마나 잘 보이는 곳에 있는가?
공부 중에 유혹하는 물건 체크리스트

□ 만화·잡지·소설 등

□ 스마트폰·태블릿PC·컴퓨터

□ 게임

□ 텔레비전·라디오

□ CD·DVD

□ 포스터

□ 과자

□ 다른 과목 참고서

□ 침대(자기 방에 침대에 있다면 참기 힘들어!)

아이도 있는데, 이것도 마찬가지로 집중력을 떨어트립니다.

공부 중에 사진이나 포스터를 보면 힘이 나서 "열심히 하자!" 라고 주먹을 불끈 쥐고 공부할 수 있으면 좋겠지만 'DVD 보고 싶다'느니 조금이라도 딴생각이 난다면 이는 공부를 방해한다는 뜻입니다. 등 뒤에 있어서 눈에 보이지 않는다고 해도 본인이 의식하고 있다면 마찬가지로 공부에 방해가 된다는 뜻이죠.

공부할 때마다 다른 것에 신경이 빼앗긴다면 공부하는 동안만큼은 그것을 떼서 보이지 않는 곳에 집어넣으세요.

공부하는 참고서를 제외하고 책상 위에는 아무것도 두지 않는다

04

▶ 괜히 보면 초조하고 불안해져서 집중을 방해하는 물건을 없앤다

공부와 관련된 책 중에도 집중을 방해하는 것이 있다

공부하는 도중에 쓸데없는 물건이 있으면 보이지 않게 치우라고 말했는데(→122페이지), 의외로 집중을 방해하는 것이 '지금 공부하는 과목이 아닌 다른 과목 참고서'입니다.

이것도 가능하면 책상에 앉아 있을 때, 눈에 띄지 않는 곳, 가령 등지고 있는 책장 등에 집어넣으세요.

왜냐하면 아무리 공부에 관련된 책이라고 해도 '지금 하는 공부'와는 아무 관계도 없기 때문입니다.

가령 영어 공부를 할 때, 눈앞에 수학 참고서가 보이면 '수학도 해야 하는데, 큰일 났네……'라는 생각이 들어서 집중을 하지 못하게 됩니다.

물론 사람에 따라 다르지만 괜히 다른 참고서를 봤다가 마음이

불안해지면 의식이 다른 방향으로 쏠리리니 눈에 띄지 않는 곳에 넣어둡시다.

역시 책상이 깨끗해야 집중할 수 있다

중요한 것은 '지금, 이 시간에는 대체 무엇을 공부하기로 했나?'라는 목적입니다.

영어를 공부하기로 했다면 책상 위에 영어 참고서만 꺼내놓고 푸는 데만 집중하세요.

이어서 수학을 공부하기로 생각했다면, 실제로 공부할 때만 참고서를 꺼내놓겠다는 규칙을 만드세요.

개중에는 '책상에 잡다한 물건이 많은데 어질러져 있어야 도리어 마음이 안정된다'고 말하는 학생도 있습니다. 하지만 정말로 그런 물건들이 집중을 방해하지 않는지 반드시 확인하고 넘어가주세요.

기본적으로는 역시 책상이 깨끗하게 치워져 있어야 집중할 수 있습니다.

그렇게 말하는 제 책상은 지금 원고와 촬영기재, 참고서로 정신없이 어질러져 있지만 말이죠.

마음이 안정되는 방향이나 장소에 책상을 놓는다

05

▶ 최적의 공부 환경을 만든다

인간은 자신이 잘 알지 못하는 공간에 있으면 불안을 느낀다

옛날에 제가 가르치던 학생 중, 한 달에 한 번은 방 배치를 바꾸던 학생이 있었습니다. 배치가 같은 방안에서 계속 공부하면 금세 질린다고 했습니다. 하지만 그렇게 자기 취향대로 방을 배치하는 데도 다 의미가 있습니다. 그 학생은 '한번 질리기 시작하면 집중이 잘 안 된다'라는 자신의 성격을 자각했습니다. 실제로 굉장히 비상한 아이였습니다.

방 배치가 마음에 들지 않으면 지금 당장 책상 방향이나 책상 두는 장소를 마음에 들 때까지 이리저리 바꿔보세요.

가령 책상은 벽이나 창가에 놓는 것이 일반적이지만 책상을 방 중앙을 향하게 두고 벽을 등지고 앉아야 마음이 안정되는 사람도 있을지 모릅니다. 왜 식당에서 밥을 먹을 때도 가장자리에 있는

책상을 중앙을 보게 두면 좋을 수도

테이블에 앉아야 마음이 안정되는 사람이 있잖아요. 그와 같은 원리로 뒤가 뻥 뚫려 있으면 마음이 불안해져서 집중하지 못하는 사람도 있을 것입니다. 특히 자기긍정감이 낮은 학생 중에 불안증을 앓는 학생이 많은데 배후에 공간이 있으면 '자기가 잘 알지 못하는 공간'이 신경이 쓰여서 잘 집중하지 못하는 모양입니다.

간혹 마음이 편안해지는 곳이나 집중이 잘 되는 곳이 달라지기도 하니 책상을 움직일 수 있는 사람은 꼭 배치를 이리저리 바꿔보세요. 책상을 옮기지 못한다면 방침을 바꿔서 '암기는 방구석에 가서 한다'라고 해도 괜찮습니다.

거실에서 공부할지는
그날 결정한다

▶ 컨디션에 맞게 기분을 전환하며 공부할 수 있다

가끔은 공부방과는 다른 환경에서

책상 주변에 쓸데없이 시선을 유혹하는 물건을 두지 말라고 말했는데(→122페이지) '일부러 거실에서 공부하는 것'과는 정반대의 공부 환경에서 공부하는 방법도 있습니다.

이 방법은 지금까지 거실에서 공부한 적이 없는 사람에게는 추천하지 않습니다.

한편 공부방에서 혼자 공부하면 외로워서인지 초등학교 때부터 거실에서 숙제해야 마음이 편안해진다며 거실에서 공부하는 것이 습관이 된 사람도 있습니다. 지금의 저도 그렇습니다.

엄마도 있고 잡다한 물건이 어질러져 있으며 어떨 때는 텔레비전도 켜져 있는 그 번잡하고 어수선한 공간이 배경이 되어 공기 같은 존재가 되면 전혀 신경 쓰이지 않게 됩니다.

카페에서 공부나 일을 하는 사람의 감각과 비슷하다고 하겠습니다.

거실에서 공부할 수 있는 컨디션

제 경우는 암기해야 할 게 있으면 제 방에서 외우고, 거실에서는 워크북을 풀곤 합니다. 그렇다고 엄밀히 정한 것은 아니고 '오늘은 영어단어 암기도 할 수 있을 것 같아'라는 생각이 들면 거실에서 외웁니다. 하지만 잘 외워지지 않으면 다시 방으로 들어갑니다.

어디에서 공부하는 것이 최선인가는 그때의 컨디션과 깊이 관계가 있습니다.

텔레비전 소리를 조금 줄여달라고 부탁할 정도라면 괜찮지만 "아 참 시끄러우니까 조용히 좀 해!"라고 가족에게 불평이 나올 것만 같은 상태라면 신경이 곤두서 있다는 증거니까 거실에서는 그만 공부하는 편이 좋겠죠.

어쨌거나 역시나 텔레비전이 켜져 있으면 한눈팔 가능성이 높으니 주의하세요. 소리가 거슬리면 귀마개를 하는 것도 한 방법입니다.

잠이 쏟아지면 아예
15분간 눈을 붙인다

07

잠깐 눈을 붙이고 나서 풀 문제를 하나 정해놓는다

공부하다가 졸리면 무리하지 말고 잠시 눈을 붙이세요. '졸린' 데도 잠을 쫓아가며 공부하는 것은 너무나도 비효율적입니다.

그런 얕은 잠은 15분 정도가 적당하다고 합니다. 그 이상 자면 깊은 수면으로 들어가서 도리어 일어나기가 힘들어집니다.

15분간 자고 일어나서 바로 다시 공부를 시작하는 것이 제일 좋습니다. 눈을 붙이기 전에 미리 문제를 하나 정해 놓고 일어나자마자 그 문제를 푸는 식으로 말이죠. 자기 전에 외웠던 영어단어를 잊어버리지는 않았는지 확인해 보는 것도 좋겠죠.

눈을 붙이는 방법은 사람에 따라 다르기 때문에 각자 맞는 방법으로 자면 됩니다.

소파에 누우면 깊이 잠이 들어서 책상에 엎드려서 잔다는 사람도 있는데, 저는 그 자세로 자면 가슴이 눌리는 것처럼 아파서 소파에 누워서 잤습니다.

가끔은 잠시 눈을 붙였는데도 너무 피곤해서 다시 잠이 올 때도 있습니다. 그럴 때는 무리하지 말고 15분간 눈을 붙이는 횟수를 늘려보세요.

연습하면 15분 뒤에 자연스럽게 눈이 떠진다

저는 원래 한 번 잠이 들면 몇 시간이고 푹 자는 사람이라서 15분 만에 자고 일어나는 연습을 따로 해야 했습니다.

눈을 붙일 때, 타이머로 15분을 설정하고 잠이 드는 연습을 반복했습니다. 그리고 한 달 반쯤 걸려서 겨우 성공했죠.

처음에는 타이머를 설정해 놔도 전혀 일어나지 못했으나 지금은 타이머가 없어도 15분쯤 지나면 저절로 눈이 떠집니다. 어른이 되고 나서도 일하는 동안에는 자주 이렇게 15분씩 눈을 붙입니다.

지금 생각해보면 정말로 연습해 놓기를 잘했다고 생각하는 것 중 하나입니다.

여러분도 꼭 한 번 해보기 바랍니다.

공부 중에는 스마트폰을 닫고 알림음을 꺼놓는다

▶ 스마트폰의 존재가 신경 쓰이거나 보고 싶은 유혹에 시달리지 않는다

눈에 보이는 곳에는 두지 않는다

현재 고등학생이라면 90% 이상이 휴대전화를 갖고 있고, 중학생도 50%가 넘게 갖고 있다고 하는데, (2019년 정보통신정책연구원에서 조사한 바에 따르면 우리나라의 중학생은 95.9%, 고등학생은 95.2%가 스마트폰을 가지고 있다고 함) 공부 중에 무심코 스마트폰을 열어서 본다고 학생들의 부모님들이 저에게 자주 고민을 털어놓습니다. "우리 애가 스마트폰만 들여다봐요"라면서요.

이는 어른들도 다르지 않아서 책상 위에 스마트폰을 두면 아무래도 의식이 그곳으로 향하게 됩니다. 소리를 꺼놔도 알림이 오거나 화면에 빛이 들어오면 신경이 쓰여서 꼭 화면을 열어서 확인하게 됩니다. 설령 확인하지 않고 참는다고 해도 집중력은 확실히 흐트러집니다.

정말로 공부에 집중하고 싶다면 공부 중에는 스마트폰을 눈에 띄는 곳에 두지 말 것. 알림음은 꺼둘 것. 이 원칙을 꼭 지켜주세요.

최근에는 '친구에게 문자가 오면 바로 답장해야지'라고 부담을 느끼는 아이가 많은 듯한데, 진정한 친구라면 "지금부터 조금만 공부에 집중하자!", "공부하고 있거든, 알림 소리 잠시만 끌게!", "열심히 하자!"라고 서로 문자를 보내 공부를 시작할 수 있게 북돋는 것이 이상적이라고 할 수 있겠죠.

쉬는 시간에 스마트폰을 한다면 시간을 꼭 지킨다

물론 공부하는 사이 쉬는 시간에는 스마트폰을 해도 괜찮습니다. 다만 쉬는 시간은 철저히 지켰으면 합니다. 실제로 정해진 시간대로 쉬는 게 그렇게 쉽지 않습니다. 그래서 아예 스마트폰 하는 것 자체를 금지하는 사람도 있습니다. 문자 보내고 인터넷 서핑하는 시간을 5분으로 정했으면 그 시간을 엄수하는 게 좋겠죠.

특히나 시간을 지키기 어려운 것이 유튜브입니다. 유튜버인 제 입으로 말하는 것도 이상하지만 역시나 도중에 그만 보기가 참 어렵습니다. 공부하다가 잠시 쉴 때도 공부와 관계없는 유튜브는 피했으면 합니다.

음악은 복습할 때만 듣는다

▶ 기분 전환할 때만 음악을 들으면 공부 효율을 떨어트리지 않는다

집중하는 것은 공부가 아니라 음악

"음악을 들으면서 공부해도 괜찮을까요?"라는 질문을 자주 받습니다. 그 질문에 저는 "가능하면 듣지 않는 편이 좋습니다"라고 대답하겠습니다. 음악을 들으면서 공부하면 아무래도 공부의 효율이 떨어지기 때문입니다.

공부에 집중하던 뇌의 일부 기능이 음악에 쏠리게 됩니다. 특히 가사가 있는 곡이라면 무의식중에 가사에 집중하게 되죠.

가끔은 '나는 음악을 들어야 집중이 더 잘 돼요'라고 말하는 아이도 있는데, 사실은 공부가 아니라 음악에 집중해서 정신이 말똥말똥해진 것뿐입니다.

실제로 저도 학원강사로 일할 때, 학생들의 협력을 받아 실험해 본 적이 있습니다.

'영어단어를 15개 암기한다'는 미션을 주고 음악을 튼 경우와 틀지 않은 경우에 얼마나 외우는지를 알아본 거죠. 그랬더니 역시나 음악을 듣지 않은 많은 아이들이 효율적으로 영어단어를 외웠다는 결과가 나왔습니다.

처음 보는 문제나 암기할 때는 음악을 듣는 게 맞지 않는다

음악을 들으면서 공부하는 것을 '절대로 안 돼' 하고 전부 금지하는 건 아닙니다.

단 한 가지 음악은 복습할 때만 듣는 것으로 한정하는 것이 조건입니다.

가령 전날 공부한 수학 문제를 풀 수 있는지 아닌지를 확인하는 작업을 예로 들어보겠습니다. 그 정도면 문제를 풀 때, 크게 집중할 필요가 없어 음악을 들으면서 공부하는 것도 나쁘지 않습니다.

하지만 처음 보는 문제나 앞에서 말했듯이 뭔가를 암기할 때는 음악을 듣지 않으면 10분 만에 외울 수 있는 것도 30분이 걸릴 수도 있습니다. 그렇다면 10분 안에 공부를 끝내고 남은 20분 동안 느긋하게 음악을 듣는 편이 좋겠지요.

자는 것, 먹는 것을 소홀히 하지 않는다

▶ 집중력이 떨어지지 않게 체력관리를 철저히 한다

수면시간은 절대로 줄여서는 안 된다

공부에 집중하기 위해서는 반드시 체력관리를 해야 합니다. 제가 중요시하는 체력관리법은 '잘 잔다!'와 '잘 먹는다!'입니다. 공부를 열심히 할수록 소홀히 하는 것이 바로 이 2가지입니다.

공부 계획을 세우고 시간이 부족하면 다들 제일 먼저 잠자는 시간부터 줄이려고 합니다. 하지만 절대로 그래서는 안 됩니다. 수면이 부족하면 집중력과 공부 효율이 눈에 띄게 떨어집니다.

저도 대학 수험 공부를 할 때, 수면시간을 2, 3시간까지 줄여서 공부한 적이 있는데, 공부 효율이 점점 나빠졌습니다. 온종일 머리가 멍했고 전날 공부했던 것도 기억해 내지 못했습니다. 체력도 완전히 무너졌습니다.

계획을 세울 때는 '수면시간을 줄여서는 안 된다'는 것이 대전

제가 되어야 합니다. 생활 리듬을 잡고 공부에 집중하기 위해서라도 정해진 시간에 일어나는 것이 가장 좋습니다.

공부 에너지원이 되는 식사도 중요하다

먹는 것도 중요합니다. 개중에는 공부를 한다고 밥 먹는 시간을 줄여서 공부하는 학생이 있는데, 그렇게 해서는 절대로 안 됩니다. 공부에 집중하려면 에너지가 필요합니다. 필요한 에너지를 보충해주세요.

극단적으로 식사 제한을 하는 다이어트도 확실하게 집중력을 떨어트립니다. 몸에 필요한 영양분을 섭취하지 않으면 머리도 잘 돌아가지 않습니다. 그리고 중요한 승부처마다 기운을 북돋우는 음식을 먹으면 시험이 다가올 때마다 그 음식이 의욕을 높여주는 기폭제가 되어줄 겁니다.

저는 어머니가 만들어준 커틀릿을 좋아해서 시험 전에는 자주 해달라고 졸랐습니다. 원래 기름진 음식은 소화가 잘 안 되지만 어릴 때부터 먹어버릇한 음식이어서인지 소화하는 데 어려움을 별로 느끼지 못했습니다. 먹어서 힘을 낼 수만 있다면 그 정도는 신경 쓰지 않아도 되겠죠.

필통에는 엄선한 필기도구만 넣고 다닌다

▶ 펜을 찾는 쓸데없는 시간이 줄고 당장 해야 할 공부에 집중할 수 있다

공부하는 도중에 집중력을 깨트리는 필통

저는 틈만 나면 '필통이 터질 정도로 너무 많이 넣고 다니지 마!'라고 말하는데, 필통에는 정말로 필요한 고르고 고른 정예 필기도구만 넣고 다니세요. 그래야 공부하는 도중에 집중력이 깨지지 않습니다.

도대체 몇 가지 색깔을 갖고 다니는 건가 싶게 터질 듯한 필통에서 필기도구를 꺼내느라 시간을 허비하던 아이도 봤습니다.

별거 아니라고 생각하겠지만 공부 중에는 그 몇 초도 굉장히 아섭습니다. 집중력이 떨어지는 원인이 되기도 하죠.

정말로 공부를 해야 하겠다고 결심했다면 샤프펜슬과 지우개, 3색이나 4색 볼펜 하나만 있으면 충분합니다. 여기에 형광펜이 한두 개 들어가도 괜찮겠죠. 그 정도로 필통을 가볍게 하고 다니

면 필요한 필기구를 한 번에 꺼낼 수 있을 것입니다.

학원강사 시절에는 "이거 필요한 거야, 필요하지 않은 거야, 어느 쪽이야"라고 학생 필통에까지 참견하며 조금만 가지고 다니라고 잔소리했습니다. 여러분도 정말로 필요한 필기도구만 가지고 다니세요.

학용품은 마음에 든 것을 직접 고른다

제가 지금까지 여러 아이들을 보면서 느낀 바로는 아이들 중에는 학용품 하나도 허투루 갖고 다니지 않는 아이가 대체로 공부를 잘했습니다.

딱히 비싼 학용품을 쓰라는 말이 아닙니다.

비록 100엔짜리라도 '이게 내 파트너'라는 느낌으로 까다롭게 고르라는 말입니다.

직접 쥐어보고 손에 잘 맞아서 필기하기 편한 필기구를 골라야 합니다. 아버지 어머니가 사준 좋은 필기도구를 쓰는 아이도 있는데, 그보다 '직접 골라서 사는' 것이 중요합니다.

고작 필기구 따위, 라고 생각하지 마세요. 별거 아닌 팁이지만 공부 스위치를 켜는 데 의외로 큰 힘을 발휘합니다.

저자가 애용하는 학용품 이모저모

여기에 제가 애용하는 학용품을 소개합니다.

고등학교 시절부터 쭉 써온 ①번 샤프펜슬은 흔들면 심이 나오는 기능이 잠기는데, 심이 나오는 정도가 절묘한 게 마음에 들어서 사용하고 있습니다. 필압이 강하다 보니 조금만 써도 손에 피로를 느껴서 샤프심은 B, 2B, 3B 같은 짙은 심을 씁니다. 삭삭 가볍게 써지는 것이 특징입니다.

②번 지우개는 저렴해서 써봤는데, 잘 지워져서 애용하고 있습니다. 잘 부러지지도 않습니다.

책을 세우는 ③북스탠드도 제가 아주 아끼는 것입니다.

①제브라: 테크투웨이라이트(Tect 2way light)

②사쿠라: 아치(arch)

③공간을 확보할 수 있고 페이지가 고정되어 쉽게 넘어가지 않습니다. 교과서를 세워놓으면 폐쇄공간이 생겨서 집중도 더 잘 됩니다.

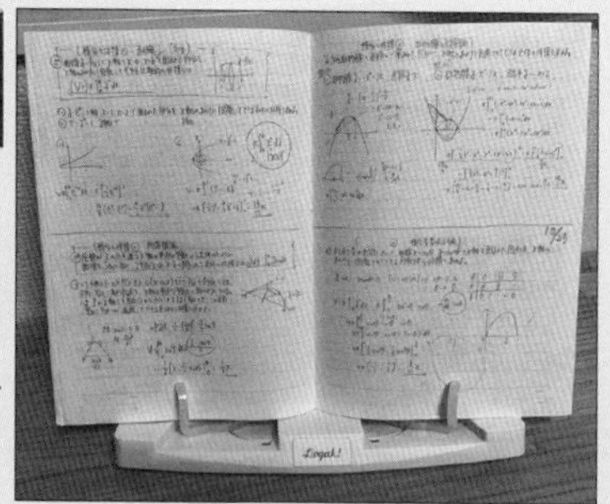

제6장

'의욕과 자신감'이 힘이 된다

공부에 대한 의욕을 올리고 좋은 결과를 내기 위해서도

반드시 필요하다.

의욕과 자신감의 원천이 되는 것은 무엇인가?

간단한 문제부터 '풀어보는' 경험을 쌓아간다

▶ 공부가 즐거워지고 의욕도 자신감도 생긴다

'열심히 하면 클리어할 수 있다!'는 선을 즐긴다

저는 게임을 아주 좋아하지만 클리어하는 것이 어려운 게임은 별로 즐기지 않습니다.

게임이 재미있으려면 '클리어할 수 있느냐 할 수 없느냐의 미묘한 선을 유지하되 열심히 하면 클리어할 수 있어야!' 합니다.

이는 공부에도 해당됩니다. '풀 수 있다!'라고 생각하면 역시 재미있습니다. 그래서 공부에 재미를 느끼고 싶다면 스스로 문제를 여러 번 풀어보는 것이 가장 좋습니다.

제 주변에 머리가 좋은 사람들은 일단 '아는 문제'부터 풀었습니다. 갑자기 어려운 문제를 푸는 게 아니라 간단한 기초 문제부터 시작하는 것입니다.

시작부터 어려운 문제를 풀려고 하면 의욕이 꺾이기 때문입니다. 처음 5분인가 10분은 쉽게 풀 수 있는 문제부터 풉니다. 마치 준비운동으로 달리는 느낌으로 말이죠.

간단한 문제를 풀어서 워밍업을 하고 나면 어려운 문제에도 도전해봅시다.

성과가 나오면 공부도 즐거워진다

직감도 무시해서는 안 됩니다. '오늘은 암기가 잘될 것 같네'라고 생각이 들면 그날은 시작하고 5분 동안 영어단어 암기를 가볍게 끝내고 다음 공부로 넘어가보세요. 그러면 공부하는 자세가 딱 잡힐 것입니다.

그렇게 해서 '해낸' 경험이 늘어날수록 의욕과 자신감이 생길 것입니다.

다이어트도 살이 빠지면 신바람이 날 것이고 근육 트레이닝도 복근도 팔굽혀펴기 횟수를 늘려서 근육이 생긴 것을 실감할 수 있으면 더 즐거워지겠죠.

공부도 마찬가지입니다.

재미를 느낄 때까지는 쉽지 않을 것입니다. 그래도 일단은 재미가 느껴지는 것을 목표로 하여 열심히 공부합시다.

잠들기 전에 반드시 한 가지 '오늘의 나'를 칭찬한다

▶ 긍정적인 자기암시가 의욕과 자신감의 원천이 된다

오늘, 열심히 한 것은 무엇인가?

결과를 내는 게 그렇게 간단한 일은 아닙니다. 오늘 공부를 아주 열심히 했다고 해서 내일 당장 성적이 오르지는 않습니다. 노력이 결과로 나타나려면 나름대로 시간이 걸립니다.

그래서 결과가 나올 때까지 '정말로 결과가 나올까?' 하고 미심쩍은 생각이 들기도 합니다. 그런 사람에게 추천하고 싶은 방법이 있습니다.

바로 잠들기 전에 '오늘의 나'를 칭찬하는 것입니다. 사실은 세 가지 정도는 칭찬했으면 하지만 처음에는 한 가지만입니다. 별거 아닌 칭찬이어도 좋으니 한 가지만이라도 오늘 열심히 한 것이 있으면 칭찬하고 잠들어보세요.

자신을 칭찬하는 습관을 들이면 아주 긍정적인 기분이 된다고 이미 많은 책에서 말해주고 있습니다.

실제로 칭찬해봤다는 학생도 "계속했더니 아주 긍정적으로 되었습니다!"라고 말해주었습니다.

긍정적인 자기암시는 자기긍정감을 높이고 의욕과 자신감을 끌어내기 위해서도 아주 중요합니다.

'운이 좋으니까 괜찮아!'라는 말은 누구라도 할 수 있다

자신을 칭찬하는 말이 도저히 생각나지 않는다는 학생에게는 또 다른 방법을 알려드리겠습니다. 세상을 부정적으로 보았던 고등학생 시절, 2년 정도 꾸준히 했더니 저 자신을 바라보는 시선이 꽤나 달라진 것을 느낄 수 있었습니다.

거울 앞에서 "너는 운이 좋으니까 괜찮아"라고 자기 암시를 하는 것입니다.

이를 닦을 때나 거울 앞에 섰을 때 매일 해보세요.

그러면 "너는 공부를 잘할 수 있어"라는 말에 "아니, 못해"라고 부정적으로 대답하던 사람도 "음 그런가?"라고 점점 생각이 긍정적으로 바뀔 것입니다. 말에 영력이 깃들어 있다고 하던데, 말의 힘이란 역시나 대단합니다.

당근과 채찍?
채찍과 당근?

▶ 열심히 해서 당근을 받으면 의욕이 생긴다

시험을 앞두고 열심히 공부하려면

'당근과 채찍'이란 말을 순서대로 해석하면 '당근을 주고 나서 채찍을 때린다'라는 뜻인데, 공부 성과에 보상을 줄 거라면, 반드시 당근을 나중에 주세요. 처음에 당근을 주면 이제 남은 건 채찍뿐입니다. 그러면 무엇을 위해 채찍을 견뎌야 하는지 알 수 없게 되죠.

흔히 "○○를 사줬으니 이번 시험 잘 봐!"라고 하는 아버님, 어머님이 있는데, 이는 당근만 홀랑 바치는 꼴입니다. 초등학생이라면 "과자 사줬으니까 숙제해!"라고 말하는 상황이라고 할 수 있겠죠. 하지만 이미 과자를 얻은 아이들은 숙제를 해야 할 의미를 찾지 못합니다. 그러면 정답은 무엇일까요?

바로 "열심히 하면 ○○ 사줄게!"입니다. 모든 집에서 호응해

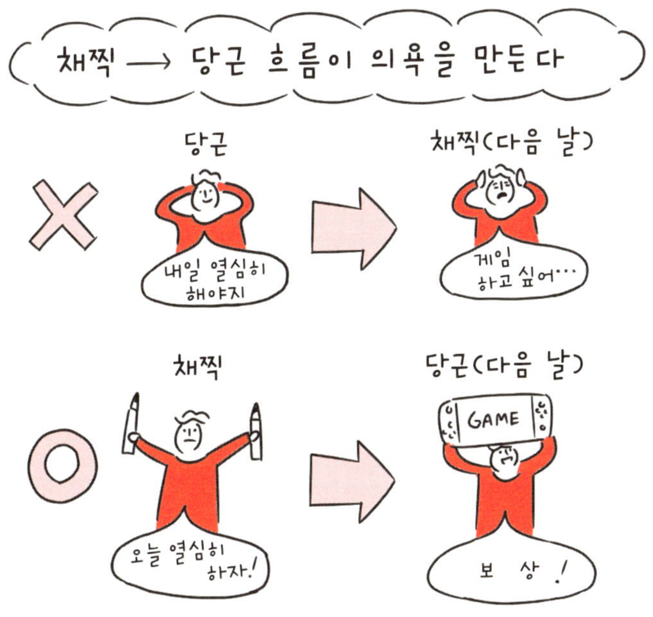

줄지는 모르겠지만…….

별개로 뭔가를 사주는 것만이 '당근'은 아닙니다. 공부를 열심히 한 뒤에 보상으로 쉬게 해주는 것도 마찬가지로 '채찍과 당근'입니다. 그래서 '오늘은 푹 쉬고 내일 열심히 하자!'란 말도 기본적으로 피해야 합니다.

"오늘은 열심히 해. 목표한 데까지 공부하고 나면 내일은 조금 쉬어도 돼"라고 해주세요.

부모님의 잔소리를 듣고 난 뒤의 억울함을 공부로 날려버린다

▶ 결과를 내서 보여줄 수 있으면 답답했던 기분이 후련해진다

내가 어떤 사람인지 알려주려면 결과를 내는 수밖에 없다

최근 들어 아버님, 어머님의 잔소리가 늘었다고 느끼는 사람들이 있지 않나요?

고개를 끄덕이는 친구도 있을 텐데요……. 분명히 다들 이런저런 잔소리 듣는 시기라고 생각합니다.

공부하다 잠깐 쉬고 있으면 "또 게임하니?"라고 어김없이 잔소리가 날아옵니다. 그러면 '열심히 공부하다가 잠깐 쉬는 건데' 싶어 왠지 모르게 울컥하게 되죠.

물론 억울한 부분도 있겠지만 아버님, 어머님은 걱정이 돼서 자꾸만 잔소리하게 되는 것입니다.

부모님의 우려와 여러분의 억울함이 동시에 해소되려면 공부로 성과를 내는 수밖에 없습니다.

잔소리를 듣고 억울함을 느꼈다면 그 억울한 마음을 공부로 풀어내세요!

아직 갈 길이 먼 교육 유튜브에 대한 오해도

저로서는 아이에게 이러쿵저러쿵 말해봤자 별로 좋은 영향은 없으리라 생각합니다. 이 책의 마지막에 나오는 보호자를 위한 장에서도 그런 취지의 글을 썼으니 꼭 한 번 읽어보기 바랍니다.

개중에는 제 수업 동영상을 보고 공부하고 있으면 "뭐야, 공부하는 줄 알았더니 유튜브나 보고 있는 거야?", "그러고 있으니 공부가 될 리가 있니!"라고 한 소리 듣는 아이도 있다고 합니다…….

아버님, 어머님 세대에겐 아직 유튜브가 낯선 미디어다 보니 오해를 할 만합니다. 하지만 지금은 유튜브에 교육 동영상도 제법 충실히 갖춰져 있습니다.

그런 집에서 공부하고 있는 아이들이 있다면 꼭 아버님, 어머님에게 좋은 결과를 보여주었으면 합니다. '지금은 유튜브를 보고 공부를 해도 성적이 잘 나온다'라는 것을 모두의 힘으로 알려준다면 참 기쁘겠어요!

부정적인 기분도
힘으로 바꾼다

▶ 분노의 에너지도 공부하는 큰 원동력이 된다

꿈과 희망에만 기대지 않아도 좋다

어른은 아무래도 학생에게는 가능한 한 밝고 맑은 것만 알려주려 합니다. 그래서 보통은 꿈이니 희망이니 그런 긍정적인 것들만 말하게 되는데, 다른 사람에게 말할 수 없이 우울하여 기분이 바닥을 칠 때 엄청난 힘을 발휘하기도 합니다.

저는 학생 시절에 반 친구들로부터 집단 괴롭힘을 당하고 아주 어두운 성격이 되었습니다. '나는 왜 사는 걸까' 늘 생각했죠. 하지만 '두고 보자!'라는 울분을 원동력 삼아 이런저런 행동을 하다 보니 어느덧 지금의 제가 되어 있었습니다.

지금까지 유튜버를 계속할 수 있었던 것도 초기에 제 동영상을 공격하던 안티에게 '두고 봐! 보란 듯이 잘 될 테니까!'라는 마음이 큰 원동력이 되었습니다.

여러분에게도 매일 많은 일들이 있겠죠. '뭐야 이게' 화나고 억울한 마음이 들었다면 그 마음을 공부에 쏟아부어서 여러분의 힘으로 만드세요.

현재 상황을 타파하기 위한 공부

분노의 에너지가 이상한 방향으로 향하면 큰일 나지만 자신에게 좋은 방향으로 흐르면 아주 강력한 힘이 됩니다.

원래 무언가를 배우려고 하는 공부 의욕은 지금 자신이 처해있는 상황에 무언가 불만이 있을 때 생긴다는 이야기가 있습니다. 불만에 찬 상황에서 빠져나와 자신의 가능성을 펼쳐보고 싶다는 거죠.

저는 그 말을 듣고 무릎을 쳤습니다. 저 역시 부정적인 저 자신을 변화시키고 싶어서 행동했으니까요. 부정적이어도 괜찮습니다. 다만 그런 생각이 자신을 성장시키는 행동의 원동력으로 삼았으면 합니다. 한 발 내딛기는 힘들지만 지금의 자신이 싫다면 그러한 상황에서 빠져나올 수 있게 행동해야 합니다. 그렇지 않으면 아무것도 변하지 않습니다.

공부는 그런 여러분에게 자신감을 주는 수단이 될 것입니다.

공부에 관한 성공체험을 많이 해본다

06

▶ 작은 성공체험을 쌓는 것은 큰 도전이나 장래와 관련 있다

학교 공부는 인생 피라미드의 토대

뭔가에 도전해서 결과를 내는 성공체험은 인간에게 자신감을 주고 새롭게 도전할 수 있는 의욕을 일으켜줍니다. 설령 그것이 아무리 보잘것없는 성공체험이라 할지라도 계속 쌓이면 머지않아 큰 도전에도 나설 수 있게 되죠.

학생이 가장 손쉽게 할 수 있는 성공체험이라면 공부로 성과를 내는 것입니다. 처음에는 아주 보잘것없는 경험이어도 괜찮습니다. 그렇게 쌓인 것이 큰 결과로 이어지거든요.

공부는 그렇게 해서 피라미드처럼 차근차근 쌓아가는 것입니다. 3년 동안 쌓은 토대가 그 후의 인생에서도 크게 영향을 미칩니다. 이때 토대를 절반밖에 만들지 못했다면 그 위에 쌓아 올리는 피라미드는 절반 이하가 되겠죠. 그래서 학생 시절에는 가능

한 한 토대를 크게 만들었으면 합니다.

노력해서 결과를 내는 힘을 기르기 위해

학생 시절에 배우는 인수분해도 사회에 나가면 거의 쓸 일이 없지만 "인수분해 괜히 배웠어!"라고 말하는 어른은 없습니다……, 아마도.

"인수분해, 공부했지~"라고 말하면서 후회하기는커녕, 약간은 자랑스러워하는 것처럼 보이기도 합니다. 아마, 공부한 것이 실제로 쓸모가 있었는지 어땠는지보다는 '열심히 공부해서 풀 수 있게 되었다'라는 성공체험이야말로 의미가 있다고 생각하는 것이겠죠. 이렇게 노력해서 결실을 얻은 경험이 역시나 자신감으로 이어집니다.

우리 유튜버도 반짝반짝 빛나 보이지만 그렇게 반짝반짝 빛나기 위해 모두가 보이지 않는 곳에서 열심히 노력하고 있습니다. 이는 어떤 일이든 마찬가지겠죠.

지금, 노력해서 결과를 내는 경험을 계속하여 도전할 수 있는 힘을 기르세요. 그것이 장래에 어떤 길을 가든 반드시 도움이 되리라 생각합니다.

울적해진 기분을 인정하고
일단은 움직여본다

▶ 어떤 순간에도 앞으로 나가는 사람이 된다

분명 한 발이라면 움직일 수 있을 것이다

학생들은 감수성이 풍부합니다. 그래서 누군가의 말에 쉬이 상처받고 친구 사이가 삐걱대거나, 공부와 동아리 활동을 병행하다 원하는 결과가 나오지 않아서 의기소침해합니다.

특별히 이유가 있는 것도 아닌데 괜히 기분이 우울해질 때도 있습니다. 그럴 때는 도저히 공부에 집중할 수가 없죠.

시간이 해결해줄지, 뭔가를 계기로 다시 괜찮아질지는 누구도 알 수가 없습니다. 하지만 근본적으로 한 번 가라앉은 감정이 영원히 우울한 채로, 바닥에 가라앉은 상태로 있지는 않습니다.

그리고 누구나 우울할 때가 있습니다. 그러니 '까짓것, 좀 우울하면 어때'라고 생각해주세요.

'왜 나는 이렇게 별일도 아닌 걸로 고민할까'라거나 '왜 이렇게

꾸물거리는 걸까' 하고 의기소침해진 자신을 더욱 의기소침하게 만드는 악순환에 빠지지 않게 조심하세요.

그래서 일단은 한 발만 앞으로 움직여봤으면 합니다. 기분이 우울해도 할 수 있는 일이 있을 것입니다. 지금 움직일 수 있으면 행동이 필요한 중요한 순간에도 움직일 수 있게 됩니다.

평소에 100을 공부한다면 10이든 5든 좋으니까 공부해보는 겁니다. 그렇게 하면 '나는 이렇게 컨디션이 나쁠 때도 5나 했어!' 라고 자신을 정당화할 수 있고 한 발 앞으로 나아갈 수 있을 것입니다.

공부할 기분이 나지 않을 때,
기분전환을 위한
비장의 무기를 갖자

▶ 기분을 바꾸고 싶을 때는 바로 실천한다

집중이 안 될 때는 복습을 중심으로

살다보면 공부할 기분이 나지 않을 때가 있습니다. 공부에 집중이 잘 안 될 때는 어떻게 하면 좋을까요? 여기에 2가지 해결책을 제안합니다.

해결책 ① 공부하는 내용을 바꿔본다

공부가 영 내키지 않을 때는 연습 문제를 처음 풀거나 새로운 것을 암기하는 등 에너지가 필요한 공부는 피하는 편이 좋습니다. 어제 암기했던 것을 다시 한번 암기하거나 한번 공부한 내용을 복습하는 걸 추천합니다.

해결책 ② 과감하게 1시간 정도 쉰다

좋아하는 걸 해서 기분을 전환합니다. 잠깐 쉬었는데도 좀처럼 집중력이 돌아오지 않는다면 몸이 정말로 지쳐서 에너지가 부족해진 건지도 모릅니다.

저의 본가는 군마 지방의 촌 동네인데, 공부하다 막히면 지붕에 올라가 동네 풍경을 바라보곤 했습니다. 근처를 도는 도네강까지 자전거를 타고 가서 제방에 올라가 시간을 보내는 날도 있었습니다. 물 구경하기를 워낙 좋아해서 바다가 없는 군마에서는 강이 마음을 달래는 장소였습니다.

그리고 기분이 상쾌해지면 주머니에서 단어장을 꺼냈습니다. 여러분도 기분을 전환하는 자기만의 방법을 찾아보세요.

지역 고등학교를 조사하여 꿈을 찾을 안테나를 세운다

▶ 상상의 나래를 펼치면 의욕이 생긴다

지역 고등학교를 조사할 때는 졸업 후의 진로까지 조사한다

수험 대비 학습계획을 세우려면 중학교 1학년 때부터 자신이 사는 지역 고등학교를 조사하는 편이 좋다고 말했습니다(→46페이지). 각 고등학교의 내신 비중이나 특색과 함께, 가능하면 '졸업 후의 진로'가 어떻게 되는지, 취직률은 얼마나 되는지도 조사해보세요.

중학생이라면 아직 그렇게까지 명확한 장래의 목표를 갖고 있지는 않겠지만 어느 고등학교를 선택하느냐에 따라 그 후의 진로 선택지도 달라집니다.

'○○고등학교는 국립대학에 이런 많은 사람이 간다'거나 '△△ 고등학교에서는 전체의 50%가 취직한다' 등등. 이러한 사항들을 되도록 많이 조사해보세요.

고등학교에서 대학에 갈 건지, 전문학교에 갈 건지, 취직할 건지, 저마다 다양한 선택지가 있을 것입니다. 아버님, 어머님의 의견도 들어보면서 자신의 장래를 생각해보세요. 목표가 구체적일수록 공부할 의욕이 생길 것입니다.

안테나를 세우고 자신의 관심을 소중히 여기며 산다

꿈이 있어야 목표하는 방향도 분명해지는 것은 사실이지만, 그렇다고 해서 초조해하며 찾을 필요는 없습니다.

단, 꿈을 찾는 안테나를 세우는 것만은 멈추지 않았으면 합니다. '나는 무리야'라거나 '재능이 없어'라고 생각하는 것도 안테나를 내리는 행위입니다.

텔레비전이나 뭔가에서 보고 '그런 게 있다니 재미있어 보이네'라고 흥미가 생겼다면 인터넷에 접속해서 조사해보세요. 그러고 나서 '별로였어~'라고 느꼈다고 해도 전혀 상관없습니다.

자신이 어디에 관심이 있는지를 알고 그것을 소중히 여기며 사세요. 그러면 언젠가 어느 날 "이거, 좋은데!" 하고 관심사를 발견하게 될 것입니다. 거기에 발을 들여놓으면 그것이 언젠가 여러분의 일이 될 것입니다.

상급학교 입시를 자기 나름대로 열심히 해서 뛰어넘는다!

▶ **결단력, 창의력, 자기 제어력, 지속력이 생긴다**

상급학교 입시는 인생에서 거쳐야 할 커다란 관문

다가올 장래에 크게 영향을 미치고 자신을 성장시켜 줄 학생 최대의 이벤트는 무엇일까요?

동아리 활동이나 연애라고 말하는 사람도 있겠지만 학생들에게는 상급학교 입시가 최대의 이벤트입니다. 지금, 모두의 앞에 입시라는 관문이 가로놓여 있는데, 인생을 사는 동안에 거쳐야 할 중요한 관문의 하나가 입시입니다.

어느 한 가지 목표를 향해 1년이 넘게 달리는 경험은 긴 인생을 사는 동안에도 좀처럼 하기 힘듭니다.

그런 놀라운 경험을 열다섯이라는 어린 나이에 처음으로 하려고 하니 힘든 게 당연합니다. 생각해보면 고민거리도 많을 테고, 좌절감을 느낄 만한 어려운 문제도 있을 것이고, 감정도 컨트롤

해야 하는 등 뭐하나 쉬운 일이 없으니까요.

가령, 스스로 결정하는 '결단력', 머리를 쥐어짜서 눈제를 해결하는 '창의력', 공부에 집중하고 냉정하게 대처할 수 있는 '자기 제어력', 목표를 향해 좌절하지 않고 나아가는 '지속력'까지입니다. 이 모든 걸 갖춘다면 평생 살아가면서 든든한 힘이 되어줄 것입니다.

개인적으로 수험 공부는 아주 멋진 이벤트라고 생각합니다. 장차 커다란 결실을 맺기 위해서라도 착실히 씨를 심는 지금이 열심히 공부할 때입니다!

의욕이 나는 만화와 음악

공부와는 집적 관계가 없지만 왠지 모르게 의욕이 나는 작품이 있습니다. 저에게는 만화와 음악이 그랬습니다. 만화도 학습만화나 공부에 관련된 만화가 아니라 순수하게 만화로서 재미있는 작품입니다.

고등학교 시절에는 <슬램덩크(Slam Dunk)> 만 읽었습니다. 주인공 강백호가 시련을 겪으며 성장해가는 모습을 보고 '나도 열심히 해야지!'라고 주먹을 불끈 쥐었던 기억이 납니다. 그리고 <블랙잭(Black Jack)>이 있습니다. 의지가 강한 주인공이 자신의 신념에 따라 사는 모습에 감화되었습니다. 음악은 당시에 하마사키 아유미를 좋아해서 그녀의 음악을 자주 들었습니다.

여러분도 의욕이 나지 않을 때 의욕을 일깨워주는 여러분만의 스위치를 찾아보세요.

<슬램덩크>는 진심으로 추천합니다. 여러분의 아버지 세대 중에는 슬램덩크의 팬이 많을 것입니다. 요즘 세대에 인기가 많은 <귀멸의 칼날>(다이쇼 시대를 배경으로 한 판타지물로 고토게 코요하루(吾峠呼世晴)의 작품)과 마찬가지로 사회현상을 일으킨 만화입니다. 단, 한 번 읽기 시작하면 멈출 수 없으니 주의하기 바랍니다.

제 7 장

'한 남자가 수업을 해보았다' 활용비법

저자가 유튜브에 올린 수업
동영상 '한 남자가 수업을 해보았다'를
집공부에 활용하는 비법을 전수합니다!

교과서 한 권을 통째로 해설하는
저자의 수업 동영상

교과서만 보고는 알 수 없는 것이 전부 보인다

저의 유튜브 채널은 '교과서 한 권을 통째로 동영상에 담는다'를 목표로 시작했습니다.

처음 동영상은 올린 날은 2012년 6월 1일입니다. 그날 이후로 교과서를 해설하는 수업 동영상을 제작해서 조금씩 올리기 시작하여 6년 후에 마침내 목표를 달성할 수 있었습니다.

가령 중학교 2학년생을 위한 수학 동영상은 80개 정도가 올렸는데, 동영상을 다 보면 교과서 한 권을 통째로 공부한 것에 버금가는 양을 공부한 것이라고 볼 수 있습니다.

유튜버라 하면 모름지기 모두가 보고 싶어 하는 단원만 골라서 가능한 한 많은 사람이 볼 수 있는 동영상을 제작해야 마땅하지만 저는 인기가 없는 단원을 포함하여 교과서를 전부 동영상으로 제작하는데 몰두했습니다.

국어는 저작권 문제로 문장을 그대로 올릴 수 없어 문법만 다루긴 했으나, 교과서 범위를 거의 다 포함하여 동영상을 올렸습니다. 영어, 수학, 과학, 사회도 중학교 교과서에 관련된 수업은 전부 다 볼 수 있는 상태입니다.

그런데도 여전히 만들고 싶은 수업 동영상이 많아서 평생 찍어도 전부 다 찍을 수는 없을 것 같습니다.

그만큼 애착을 갖고 만들어서인지 화이트보드를 쓸 때는 저만의 독창적인 폰트를 고집한다거나, 굳이 자막을 넣지 않고, 따로 편집하지 않는 등 나름대로 철칙이 있었습니다. 여기에 동영상을 제작하면서 겪은 여러 가지 에피소드와 저의 창의적인 아이디어, 고생담을 자랑하고 싶지만 이 책의 주제에서 크게 벗어나므로 하고 싶은 말을 꾹 참겠습니다.

여기서부터는 여러분이 더 효율적인 집공부를 할 수 있도록 '한 남자가 수업을 해보았다'의 활용비법을 자세히 소개하겠습니다.

뭐부터 봐야 할지 모르겠다면 학교에서 지금 배우는 곳의 복습부터

▶ 학교 수업에서 이해하지 못하는 부분을 몇 번이든 다시 본다

어떤 영상이든 자유롭게 봐도 괜찮다

먼저 알려드리면 제 동영상은 모두가 자유롭고 편하게 보면 좋겠다는 취지로 제작된 것입니다.

'특정한 영상을 꼭 처음에 봐야 하는 것'은 아니라서 보고 싶은 영상부터 클릭해서 보면 됩니다.

그래도 '처음에 어느 걸 보면 좋을지 모르겠어요!'라고 생각한다면 일단은 지금 학교에서 배우고 있는 부분을 복습하는 수단으로 활용해보세요.

홈 화면에 있는 리스트를 보고 자신의 학년과 보고 싶은 과목을 골라서 들어가면 교과서에 나오는 순서대로 동영상 리스트가 주르륵 뜰 것입니다.

수업 내용도 각 동영상 제목을 보면 알 수 있게 만들어 놓았습

'한 남자가 수업을 해보았다'는 동영상을 백 퍼센트 활용해보자!

컴퓨터에서 본 유튜브 채널 홈 화면

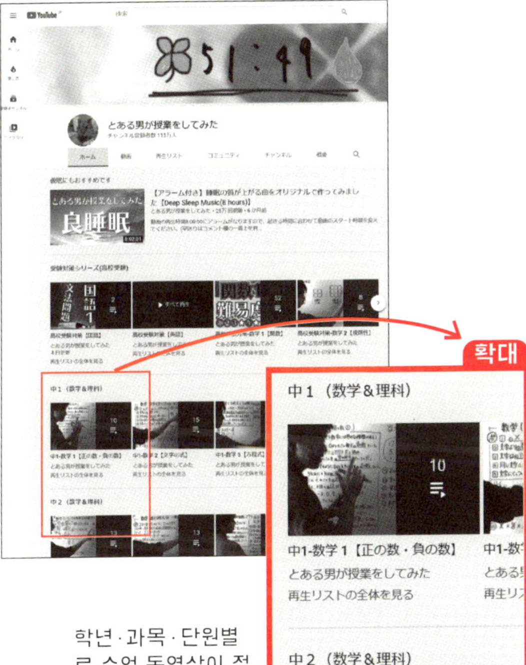

학년·과목·단원별로 수업 동영상이 정리되어 있다.

니다.

학교 수업에서 한 번 듣고 이해하지 못한 부분이 있다면 제 수업 동영상을 여러 번 돌려보면서 공부할 수 있습니다.

복습할 때는 기본적으로 전부 보지 않는다

02

▶ 복습이 필요한 부분만 보고 빨리 끝낸다

빨리 돌려보기를 해서 필요한 부분만 확인한다

복습을 하기 위해 제 동영상을 볼 때는 '기본적으로 전부 보지 말라!'고 조언합니다.

예습을 할 때는 동영상을 전부 봐야 이해할 수 있습니다. 반면에 복습은 학교 수업에서 배운 내용을 다시 한번 확인하는 작업입니다.

개중에는 이미 이해해서 복습할 필요가 없는 단원도 있죠.

제4장 매일의 공부 루틴에서도 추천했는데, (→86페이지) 학교 수업 중에 선생님이 해준 설명을 듣고도 이해하지 못한 부분이나 미심쩍은 부분이 있으면, 나중에 복습할 수 있게 바로 노트에 표시해 두세요.

그러면 동영상을 볼 때, 빨리 돌려보기를 해서 표시한 부분과

**수업 동영상을 볼 때
추천하는 3단계!**

스텝 1
동영상 화면에 나오는 첫 문제에 도전

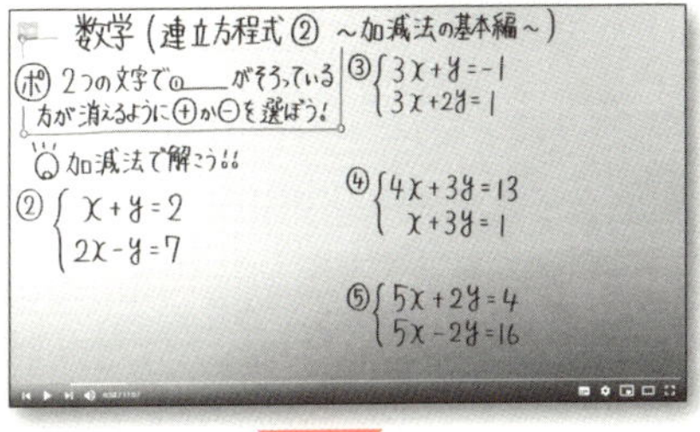

스텝 2
동영상 화면에 나오는 마지막에 답을 맞혀본다

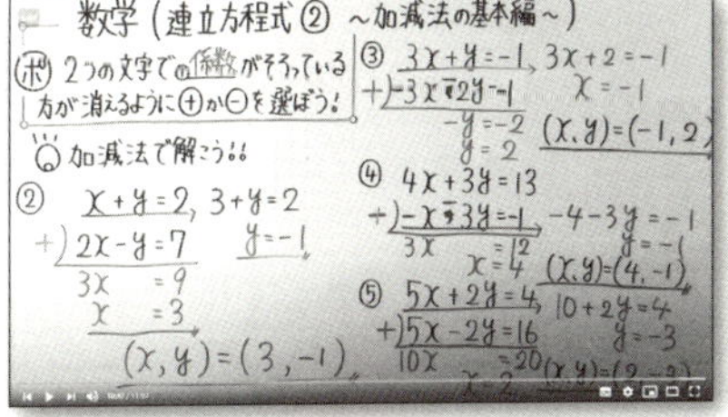

스텝 3
틀린 문제가 있으면 해설하는 부분만 찾아본다

연관된 부분만 보면 됩니다.

한 가지 더 구체적인 방법을 알려드리겠습니다.

먼저 동영상의 맨 처음, 전체 문제가 나오는 화면에서 일시 정지를 하고 문제를 한 번 풀어봅니다. 그러면 여러분이 이해할 수 있는 문제인지 아닌지를 바로 판단할 수 있겠죠.

그리고 동영상 마지막에 해답이 전부 나와 있으니 그 부분까지 빨리 돌려보기를 해서 확인해보세요. 틀린 문제가 있으면 표시하고, 틀린 문제를 해설한 부분은 빨리 돌려보기를 해서 찾아보면 됩니다.

학교에서 수업을 받기 전에 예습용으로 활용한다

▶ 자신 있는 과목은 의욕이 날 때 진도를 쭉 뺀다

수업 전날에 동영상을 보고 핵심을 파악한다

원래는 학교 수업을 받은 학생들의 복습용이라 생각하고 교과서를 중심으로 동영상을 제작했는데, 의외로 예습할 때 활용하는 학생도 적지 않습니다.

지금까지 쓴 바와 같이, 예습은 복습을 철저히 하고 나서 여유가 있을 때 하는 것입니다. 하지만 그것만으로는 성에 차지 않는 향학열이 넘치는 학생도 있죠. 그래서 예습용 수업 동영상을 활용하는 방법을 소개합니다.

예습용으로 동영상을 보는 학생은 다음 날 학교 수업이 있을 때, 제 동영상을 보고 핵심을 파악한 뒤에 수업을 듣는 모양입니다. '동영상을 한 번 보고 나서 수업을 들으면 수업이 그만큼 쉽게 이해됩니다. 그래서 예습용으로 봅니다!'라는 댓글도 받았습니

예습용으로 동영상을 보면 수업을 이해하기가 한결 쉬워진다

다. 제가 따로 방법을 알려주지 않았는데도 저마다 자기만의 활용법을 개발해서 보는 느낌입니다.

아직 전 과목이 평균점에 도달하지 못했다면 5과목 전체가 아니라 2과목부터 공략해야 한다고 앞에서 설명했습니다(→62페이지). 그렇게 해서 자신 있는 과목이 생기면 공부에 재미를 느끼고 예습도 하고 싶어질 것입니다.

개중에는 제 동영상으로 공부하고 위 학년의 수학 모의고사를 봤다는 실력이 만만치 않은 초등학생도 있었습니다. 그 학생처럼 여러분도 공부에 몰두해보는 체험을 꼭 한번 해보았으면 합니다.

배속재생도 이용하면서 수업 동영상을 본다

▶ 시간을 단축할 수 있고 능동적으로 집중해서 볼 수 있다

예습이든 복습이든 활용했으면 하는 비법

예습용으로 제 동영상을 보는 학생은 대부분 배속재생으로 영상을 빠르게 돌려보는 듯합니다.

학생들에게 물어보니 제가 발성이 좋아서인지 가장 빠른 속도인 2배속으로 봐도 목소리가 잘 들린다고 합니다.

원래 예습을 잘하는 학생은 성적도 좋아서 2배속으로 돌려봐도 이해할 수 있는 부분이 있을 테니 저도 배속으로 빠르게 돌려서 듣는 것을 추천합니다. 그러면 집중할 수 있기 때문입니다.

2배속으로 보면 15분 수업을 7분 반 만에 볼 수 있어 시간을 단축할 수 있다는 이점이 있습니다. 거기에 배속으로 빨리 돌려보면 '집중해서 들어야 한다'는 생각이 작동해서 동영상을 보는 자세도 수동적인 자세에서 능동적인 자세로 바뀝니다.

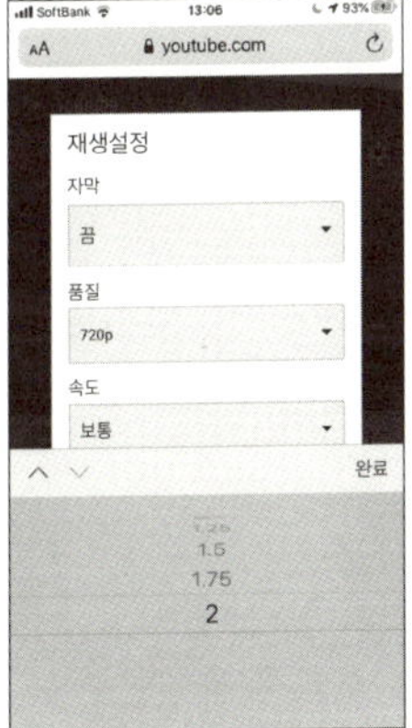

참고
왼쪽: 스마트폰 화면
아래: 컴퓨터 브라우저

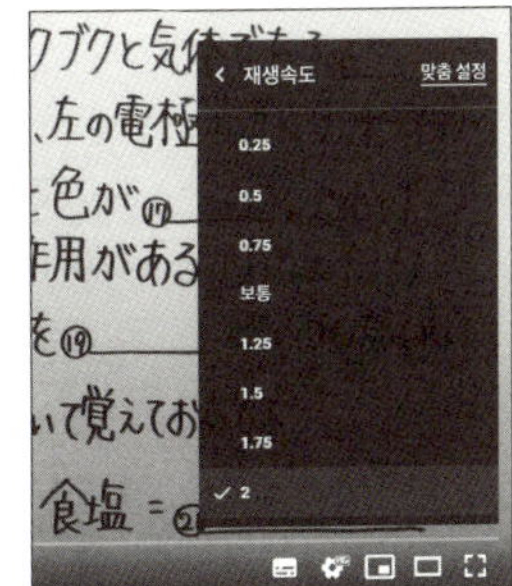

배속재생은 예습만이 아니라 복습할 때도 썼으면 하는 기능입니다. 다만 이때는 잘 들을 수 있도록 배속 정도를 조정해야겠죠.

빠르기를 2배속으로 했는데, 잘 들리지 않으면 1.75배속이나 1.5배속으로 설정하고 들어보세요.

그렇게 과목마다 속도를 조절해보면 집중력도 더 높아져서 동영상에서 본 내용이 머릿속에 단단히 뿌리박히게 될 것입니다.

정기 시험 대책을
시작할 때 본다

05

▶ 워크북 등을 풀기 전에 복습할 수 있다

시험 범위의 기초를 다지기 위하여

대체로 정기 시험이 가까워지면 제가 올린 동영상을 보러오는 학생이 늘어납니다. 이유를 물어보니 '이제부터 공부를 시작해보자!'라는 순간에 다시 말해 시험공부에 돌입한 순간에 보는 학생들이 많은 모양입니다.

연습 문제나 워크북 등을 풀어서 아웃풋을 내기 전에 시험 범위 안에 있는 수업 동영상을 보면서 기초를 다지는 것은 아주 효과적인 인풋 방법입니다.

미심쩍거나 잘 모르는 부분을 다시 체크해 두는 것도 약점을 극복하는 데 도움이 됩니다.

이렇게 수업 동영상을 보고 시험 범위 안에서 빠트린 부분이나 자신의 약점을 확인하면 중점적으로 풀어야 할 연습 문제나 암

정기 시험 전에 보면 자신의 약점을 알 수 있다

기해야 할 부분이 명확하게 보여서 효율적으로 시험 점수를 올릴 수 있습니다.

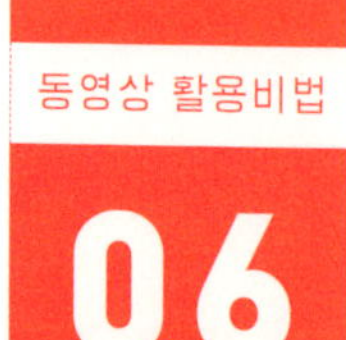

입시에 맞춰 대충 훑어보고 어디에 구멍이 있는지 확인한다

▶ 자신 없는 부분을 보강할 수 있고 스스로 알아차리지 못한 약점도 알 수 있다

여유가 있는 학생은 '수험대책' 시리즈를 본다

학습 수준이 높은 학생 중에도 제 동영상을 보는 학생이 꽤 있습니다. 수험 공부를 하면서 교과서 중심의 수업 동영상을 대충 돌려본다고 합니다. 제 수업 동영상을 보면 좋은 점이 자신의 약점도 극복할 수 있고 그때까지 알아차리지 못했던 구멍이 어디에 있는지도 찾아낼 수 있다는 것입니다.

다만 그럴 때도 배속재생을 해서 봤으면 합니다.

동영상에서 문제가 파바박 빠르게 나올 때, 해법이 머릿속에서 바로 떠오르면 '이건 내가 아는 문제구나'하고 넘어가주세요. 하지만 '어떻게 풀더라'라고 조금이라도 생각했다면 거기에 구멍이 있는 것입니다.

또 하나, 수험 공부 동영상 리스트 중에는 '수험대책' 시리즈가

 ## '수험대책' 시리즈는 레벨을 2개로 나눈 수업 동영상이다

발전 문제가 많은 동영상

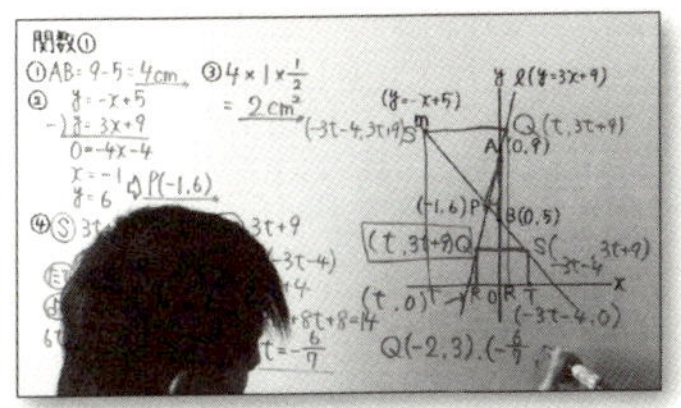

상위권 학교를 지망하는 학생을 위해 어려운 문제를 해설한 수업 동영상.

기본문제 중심의 동영상

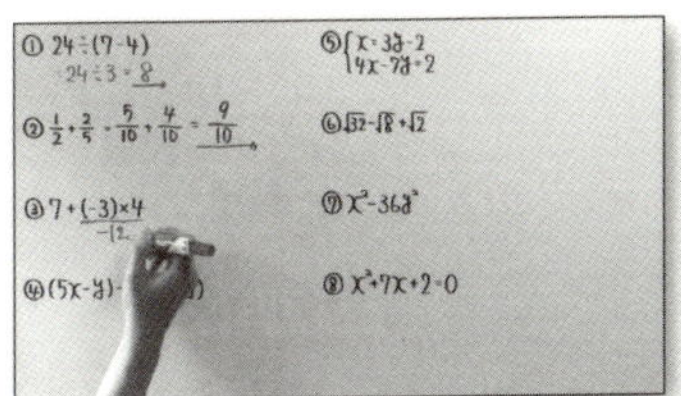

입학시험이나 모의시험에서 확실히 풀었으면 하는 사수해야 하는 문제를 해설한 수업 동영상. 통칭 '사수 시리즈'다.

있습니다. 전에는 교과서를 기본으로 수업 동영상을 만들었으나 '더 수준 높은 수업 동영상도 만들어주세요'라는 요청을 많이 받고 만든 것이 이 '수험대책' 시리즈입니다.

이 시리즈는 기본 교과서 시리즈와는 다르게 수험 기출문제를 기본으로 합니다.

물론 갑자기 기출문제를 풀려면 조금 어려울지도 모릅니다. 기초가 튼튼하지 못한 학생은 교과서 중심 수업부터 들어주세요.

라이브방송 '함께 공부하자'를 시청한다

07

▶ 사람들과 시간을 공유하는 느낌이 들어 공부에 집중할 수 있다

저자가 작업하는 모습만 보여주는 라이브동영상

현재, 일주일에 이틀은 '함께 공부하자 라이브(LIVE)'를 라이브 방송을 올리고 있습니다.

그날 상황에 따라 45분에서 1시간씩 제가 공부하거나 작업하는 모습을 정점 카메라로 찍어서 방송합니다.

처음 몇 분은 잠시 말하기도 하지만 기본적으로는 정해진 시간에 맞춰 조용히 작업에 들어갑니다. 방송을 보는 학생들도 거기에 맞춰 공부에 집중하죠. 정해진 시간이 되기 전까지는 저도 댓글을 읽지 않습니다.

방송을 마칠 시간이 다가오면 '자 이제 끝!'이라는 느낌으로 댓글을 읽으면서 방송을 종료합니다.

이제는 1천 명이 넘는 학생이 방송에 참여합니다. 라이브 방송

을 보며 함께 공부하는데 왠지 딴짓하기 어렵고, 혼자가 아니라는 생각에 마음이 높여서인지 다들 집중하게 되는 모양입니다.

영상은 아카이브에 남겨두므로 방송을 놓친 사람도 나중에 볼 수 있습니다.

'지금부터 1시간만이라도 집중하자!'라고 생각할 때 틀어놓으면 좋은 방송이니 자유롭게 활용해주세요.

저자의 홈페이지 '19채널'을 이용한다

▶ 동영상 검색이나 문제 인쇄를 간단히 할 수 있다

동영상에 나오는 문제를 인쇄할 수 있다

유튜브 채널에도 링크를 걸었는데, 동영상과 관련된 '19채널'이라는 홈페이지도 있습니다. 제 수업 동영상을 찾을 때는 이쪽이 더 깔끔하게 정리되어 있어 찾기가 더 쉬울지도 모릅니다. 꼭 한 번 이용해보세요.

이 홈페이지에는 각각의 수업 동영상에 나오는 문제를 PDF 파일로 올려놓았습니다. 파일을 클릭하면 간단히 인쇄할 수 있어 프린트해서 쓰고 싶은 사람에게는 편리합니다.

프린트하면 편리한 이유는 문제를 한 번 풀어본 뒤에 틀린 문제를 오려서 스크랩해 놓을 수 있기 때문입니다.

앞서 공부 루틴을 추천하면서 '오답 노트'로 소개했는데(→108페이지), 파일을 프린트하면 간단히 오답 노트를 만들 수 있어 추천

〈한 남자가 수업을 해보았다〉를 응원해 주시는 분이 만든 사이트입니다. 카테고리를 알기 쉽게 정리하여 2,000개가 넘는 수업 동영상을 편리하게 검색할 수 있습니다.

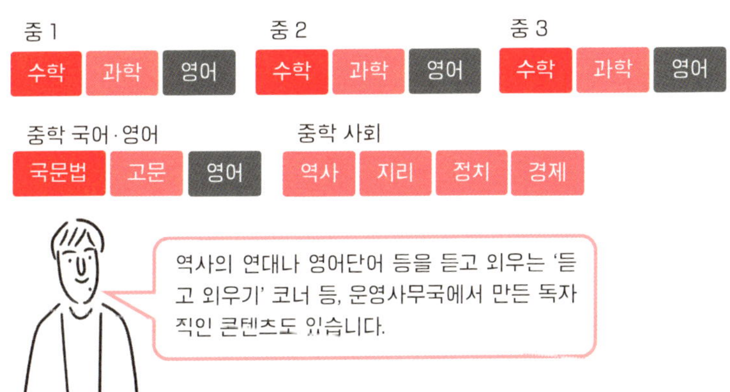

합니다.

두 장을 뽑으면 첫 번째 프린트는 수업 동영상을 볼 때 쓰고, 두 번째 프린트는 동영상을 본 뒤에, 확실히 이해했는지를 확인하기 위해 테스트용으로 쓸 수 있습니다.

복습할 때든 예습할 때든 두 번째 프린트로 최종 확인테스트를 하면 기억에 잘 남을 것입니다.

가끔씩 수업 동영상이 아닌 다른 동영상도 본다

▶ 기합도 약간 들어가고 마음도 치유된다

그때그때 기분에 맞는 것을 고른다

저는 수업 동영상 외에도 맞는 공부법이 없어 고민하는 학생이나 수험생을 위한 메시지가 담긴 동영상도 찍고 있습니다.

썸네일이나 제목만 보면 대개의 내용은 알 수 있게 해놓았으니 어느 영상이든 그때그때 기분에 맞는 것을 골라서 보세요.

아마도 모두가 보고 싶어 하는 영상이 그때 꼭 봐야 하는 필요한 영상은 아닐 거라고 생각하지만 조금이라도 공부할 의욕이 날 수 있는 콘텐츠가 되었으면 하는 마음으로 영상을 만들었습니다.

학생들이 자주 하는 고민에 답변하는 형식으로 만든 동영상도 있습니다.

시험 대책이나 공부에 관한 질문에는 물론이고, 정신적인 면을

 **공부할 때는 수업 동영상을 보지만 머리를 식힐 때는 다른 동영상도!**

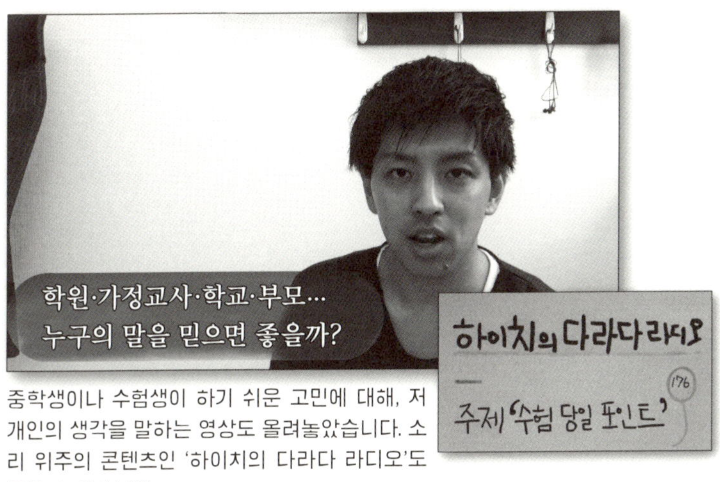

중학생이나 수험생이 하기 쉬운 고민에 대해, 저 개인의 생각을 말하는 영상도 올려놓았습니다. 소리 위주의 콘텐츠인 '하이치의 다라다 라디오'도 들을 수 있습니다.

포함한 수험생들의 고민에도 답해드립니다.

제 채널에는 고등학생을 위한 수업 동영상도 있는데, 이것을 제외하면 기본적으로 중학생도 볼 수 있는 영상을 만들고 있으니 안심하고 보셔도 됩니다.

유튜브로 배우는 여러 가지 이점

▶ 등교를 거부하는 학생을 지원하는 수단이 된다

공부할 의욕이 난 그 순간에 시작할 수 있다

유튜브로 집에서 공부하는 큰 이점은 '공부하자!'고 생각난 순간에 클릭만 하면 무료로 볼 수 있다는 점입니다. 공부할 마음이 사라지기 전에 그 자리에서 바로 시작할 수 있죠.

단점도 있습니다. 학원과 다르게 강제력이 없다는 점입니다. 집에서는 얼마든지 딴짓을 할 수 있습니다. 딴짓하지 않으려면 스스로 책상에 앉는 강한 의지가 필요한데, 그에 대한 대처법도 이것저것 소개했습니다.

실은 등교를 거부하는 학생들이 제 동영상을 보고 많이 공부합니다. 보호자 분이 말씀하시기를 다들 학교로 다시 돌아가지 못하는 데는 저마다 이유가 있지만 그중에서도 공부가 뒤처지는 것이 큰 걸림돌이라고 합니다.

그런데 제 동영상을 보고 집에서 열심히 공부한 학생이 보건실로 등교하여 시험만 보러 갔다가 학년 전체에서 20등 안에 들었다는 얘기를 들었습니다. 거기에서 자신감을 얻어서 수업도 조금씩 듣게 되었고, 무사히 졸업할 수 있었다고 합니다.

학생의 어머님에게 장문의 감사 메일을 받고 저도 눈물을 펑펑 흘렸던 기억이 납니다.

가끔은 오해를 받기도 하는데, 저는 수업 동영상을 올리고 학교나 학원을 대신하려는 것은 아닙니다. 그런 생각은 추호도 해본 적이 없습니다. 오히려 학교나 학원을 보조하는 수단이 되고 싶습니다.

중학생에게는 친근한 미디어다 보니 '오, 유튜브로 공부할 수 있구나'라고 가벼운 마음으로 제 채널을 등록하고 동영상을 보는 학생이 많습니다. 저도 '무료니, 시식해보지 그래?'라고 가볍게 권하는 느낌으로 동영상을 올리죠. 개중에는 '맛있다!'고 느끼는 사람도 있을 것이고, '맛없다!'고 느끼는 사람도 있을 겁니다.

하지만 '이렇게 맛있는 게 있는 줄 몰랐어!'라고 말하는 사람도 있으니 일단은 먹어보기 바랍니다.

그래서 쓸 만하다고 생각한다면 꼭 활용해보세요!

주목받는 교육 You Tube

유튜브에서도 교육 콘텐츠가 늘고 있습니다.

중학생 이상을 대상으로 하면 제 수업 동영상 외에도 자타가 공인하는 가정교사 트라이가 제작한 '트라이잇(Try IT)'의 내용이 충실하여 볼만합니다.

초등학생을 대상으로 하는 콘텐츠 중에는 '고지마 요시오의 옷빠삐 초등학교(小島よしおのおっぱっぴー 小·校)'가 있는데, 산수를 가르쳐주는 콘텐츠를 알기 쉽게 제작하여 초등학교 저학년, 고학년 학생들의 마음을 사로잡았습니다.

고등학생 이상이라면 '요비노리(ヨビノリ)' (재수학원에서처럼 배우는 '대학수학, 물리')나 도쿄대팀의 '파스라보(PASSLABO)'도 인기가 아주 많습니다.

이렇게 무료로 배우는 교육 콘텐츠가 충실한 덕분에 이제 집에서도 부담 없이 고품질의 수업을 받을 수 있습니다.

경제적 사정으로 제대로 된 지도를 받을 수 없었던 아프리카 선수는 유튜브를 통해 독학으로 기술을 배우고 올림픽에 출전하여 화제를 모았습니다.

유튜브로 공부하면 얼마든지 성적을 올릴 수 있는 시대가 된 것입니다.

제8장

지금, 학생 보호자가 알았으면 하는 것

마지막으로 보호자 여러분에게 '평생의 양식이 될 집공부를 기른다'는 의미에서도 아주 중요한 시기에 있는 학생들을 응원하기 위해 꼭 실천했으면 하는 내용을 정리해 보았습니다. 중학생 여러분도 이 장을 읽으면 아버님, 어머님의 노고를 조금은 이해할 수 있을 것입니다. 여력이 있으면 꼭 읽어보시기 바랍니다!

아이들의 자주성을 기르기 위하여

▶ 자잘한 일에 참견하거나 다그치듯 말하지 않는다

압도적으로 자주성이 낮은 아이들의 특징

중학생은 어른과 아이의 경계선에 있다고 할 수 있습니다. 부모의 눈에는 아직 어린아이죠. 그래서 걱정하는 마음에 '○○ 하라'고 다그치기 십상입니다. 그것은 아이에게 어떤 의미에서 행복한 일이며, 스스로 정하지 않아도 되는 것은 굉장히 속 편한 일이기도 합니다. 하지만 뭘 하든 시키니까 마지못해서 하는 아이나 '엄마의 생각이 모조리 정의'라고 생각하는 아이는 압도적으로 자주성이 낮습니다.

저에게도 네 살과 일곱 살이 된 아이가 있는데, 부모로서 제가 할 일은 '아이들에게 선택지를 주는 것'이라고 생각합니다. 공부든 뭐든 부모가 억지로 시키는 거야 간단하지만 그래서는 자주성을 기르기 어렵습니다. 스스로 생각하고 움직이지 않으면 공부 효율이 나빠집니다. 물론 성실한 아이라면 어느 정도는 성장하겠지만 분명 어딘가에서 큰 벽에 부딪힐 것입니다.

저는 아이들을 가르칠 때, 기본적으로 '스스로 결정하라'는 입장입니다. 여러 가지 방법을 제시하면 나머지는 아이들이 자신에게 맞는 것을 스스로 생각하고 결정하게 하죠. 이는 살아가는 힘을 키우기 위해서도 아주 중요한 과정이라고 생각합니다.

학원이나 통신교육을 받는 아이를 보면 '부모님이 가라고 해서', '친구가 하니까'라는 수동적인 자세로 배우러 다니는데, 저는 이것이 진짜 문제라고 생각합니다. 이런 상태에서 아무리 좋은 수업을 들어도 자기가 진심으로 배우고 싶어서 움직이지 않으면 효과가 한정적일 수밖에 없습니다.

가령 참고서도 괜찮아 보이는 걸 사주고 싶은 마음은 충분히 이해합니다. 하지만 아이들이 직접 골라서 사게 해주었으면 합니다(→39페이지).

인터넷이 아니라 실제로 서점에 직접 가서 실물을 보고 '이게 좋을 것 같아'라고 자신의 감성으로 고르는 것이다. 이것이 훗날 아이에게 큰 힘이 되어줍니다. 서점에서 파는 참고서는 어느 정도 질이 보장되니 아이가 자유롭게 고를 수 있게 해주세요.

정말로 중요한 말을 전하기 위해

▶ 질타와 격려는 1대 9의 비율로

작은 노력을 인정해 줄 수 있으면 아이는 더 성장한다

사춘기를 맞이한 아이들을 앞두고 저도 모르게 잔소리가 느는 아버님 어머님이 있지 않습니까? 아이들의 장래를 걱정한다면서 '이렇게 좀 해', '저렇게 좀 해', '이 상태론 안 돼'라며 질타와 격려 중 '질타'만 했죠. 그러지 말고 비율적으로 '질타'를 1, '격려'를 9로 하자고 의식하고 말해보면 어떨까요.

격려나 칭찬을 9 정도로 하지 않으면 질타가 잘 전해지지 않습니다. 정말로 중요한 것을 알리기 위해서라도 질타는 1 정도만 해주세요. 아이는 때로 '딴짓을 하기'도 하고 '열심히 공부하기'도 합니다. 아이들은 공부를 열심히 하다가도 딴짓을 합니다. 그런데 "공부 좀 해"하고 자꾸만 잔소리하면, "알았다니까!" 반발심이 들면서 부모와 마음의 거리가 생깁니다. 진심으로 아이들의 의욕과 자신감을 끌어내고 싶다면 아무리 사소한 것이라도 열심히 하는 모습을 찾아봐주는 것이 먼저입니다.

특히 결과가 나올 때까지 열심히 노력했다면 충분히 칭찬해주세요. 이것이 최종적으로 결과를 낼 수 있느냐 아니냐를 결정짓는 중요한 역할을 합니다.

아이들은 생각보다 부모의 얼굴을 본다

아이들은 우리가 생각하는 것보다 부모를 더 많이 보고 있습니다. 반항기라 말수가 적어지고, 함께 있는 시간과 접점이 줄어들면서 무슨 생각을 하는지 알 수 없는 얼굴을 하고 있지만 무관심을 가장하고 관심 있게 지켜보고 있습니다. 그래서 부모가 무심코 던진 말도 모두 기억합니다. 하나하나 곱씹으며 크게 상처받기도 하고 작은 칭찬에 내심 크게 기뻐하기도 합니다.

아버님 어머님이 알아두어야 할 게 칭찬은 뒤로 미룰수록 잘 전달되지 않습니다. 칭찬할 일이 있으면 그 순간에 칭찬해주세요. 나중에 칭찬해봤자 효과가 별로 없습니다. 그래서 저도 생각났을 때, 감정이 아직 남아 있는 동안에 칭찬하려고 늘 마음에 새기고 있습니다.

아이들이 고독함을
느끼지 않도록

▶ 자신의 실패담을 말하는 것을 두려워하지 않는다

어른의 경험치를 살린다

보호자로서의 고민이나 수치스러웠던 경험을 아이에게 숨기는 사람이 많지 않은가요?

아이들에게는 꼭 본인의 실패담을 말해주었으면 합니다.

가령 아르바이트나 일을 하면서 겪었던 실패담이나 과거에 있었던 창피했던 기억 등 여러 가지가 있을 것입니다. 솔직히 말해서 그런 이야기는 별로 하고 싶지 않겠죠. 하지만 아이보다 어른이 압도적으로 많은 것이 바로 경험치입니다.

인생에는 성공한 경험도 실패한 경험도 있겠지만 살다 보면 실패를 압도적으로 많이 하게 됩니다. 그렇다고 해서 아이들에게 위기감을 부채질하라는 말은 아닙니다. 실패나 갈등과 어떻게 마주하고 살아갈지를 어느 순간 해주었으면 한다는 말이죠.

다만 그것이 '공부의 실패담'으로 들리지 않게 주의했으면 합니다. 자칫하다가는 공부하라는 잔소리로 들려서 아이들에게 진정한 의도가 전달되지 않을 수가 있습니다.

보이는 것은 반짝반짝 빛나는 성공한 사람들뿐

정보가 넘치는 시대여서인지 아이들은 SNS를 통해 비슷한 또래의 반짝반짝 빛나는 모델이나 연예인, 성공한 아이들만 봅니다. 하지만 실제로는 그들보다 더 많은 사람이 있고, 그들도 많은 실패를 겪고 나서 지금의 자리에 있다는 것입니다. 거기에 주목하지 않으면 괜한 열등감에 빠지거나 실패를 두려워하게 됩니다.

아이들에게 부모는 가장 가까운 어른입니다. 여러분의 인생 경험, 실패담이 아이들에게는 굉장히 도움이 될 것입니다. 실제로 인간은 실패에서 배우는 게 크니까요.

실패담을 말해주면 처음에는 아이들이 '흠'하고 심드렁하게 반응할 것입니다. 하지만 몰랐던 부모님의 모습을 알고 나면 어딘가에서 자극을 받고 자신도 열심히 해보고 싶다는 기분이 들지도 모릅니다. 그러니 아이에게 꼭 인생 경험, 실패담을 말해주시기 바랍니다.

아이들의 자기긍정감을 높이기 위하여

▶ 자신을 포함, 다른 누군가와 아이를 비교하지 않는다

'넌 내가 낳은 아이라서 어쩔 수 없어'라고 말하지 않는다

아이에게는 웬만해서 '어릴 때 공부를 못했어'라고 말하지 않는 편이 좋다고 생각합니다. 왜냐하면 이야기가 '못했구나'에서 그냥 끝나버리기 때문입니다. 공부를 못해서 특별한 결과가 나오지 않았다 해도, 거기에서 어떻게 분연히 일어섰는지, 힘들어도 얼마나 열심히 했는지, 그런 이야기로 마무리하면 좋으련만, 안타깝게도 거의 그렇게 되지 않습니다.

또 "엄마인 날 닮았으니 공부를 못할 수밖에"라는 말은 절대로 해서는 안 됩니다.

농담을 해서 아이를 기분을 풀어주려는 의도는 이해하지만, 기분을 풀어주기는커녕 아이는 그 말을 듣고 공부 못하는 것을 정당화하게 됩니다. '노력해봤자 소용없어'라고 부정적으로 생각하

게 되죠.

　부모의 자기긍정감이 낮으면 아이에게도 영향이 미친다고 합니다. 이런 부정적인 생각이 아이에게 전해지는 일은 피해야 합니다.

다른 누군가와 비교해봤자 좋을 게 없다

　당연한 말이지만 자신감이 없는 아이들의 자기긍정감을 높이려면 다른 아이와 비교하거나 형제자매와 비교하는 것은 피해야 합니다.

　또 앞에서 "날 닮아서 어쩔 수가 없지"라고 말한 부모님과 반대로 공부를 잘했던 아버님이나 어머님이라면 대놓고 말하지는 않아도 마음속 어딘가에서 "난 공부 잘했는데"라고 생각을 하고 있을 것입니다. 그래서 무의식중에 "왜 애는 나처럼 못하는 걸까", "더 잘할 수 있을 텐데"라는 말이 불쑥 튀어나오기도 합니다.

　하지만 서로 사는 시대도 다르거니와 본래 비교할 일도 아닙니다. 비교당하는 것 자체가 아이들에게는 불행한 일이죠. 여러분이 다른 아이나 형제자매와 비교하지 않는다고 해도, 무의식중에 자기 자신과는 비교할 수 있으니 그렇게 되지 않게 주의하세요.

아이들의 반항기에 즈음하여

▶ 너무 가깝지도 멀지도 않은 적당한 거리감을 유지한다

완전히 멀어져서는 안 된다

　반항기 아이들은 대하기가 어렵습니다. 제가 여러 학생들과 이야기를 해보고 느낀 것은 적당한 거리감을 유지하는 것이 참 중요하다는 것입니다. 반항기는 말하자면 아주 제멋대로입니다.

　"시끄러워! 날 내버려 둬!"라고 아이가 말하면 보호자 측에서도 마음에 상처를 받겠죠. 물론 아이들도 어느 정도 자신이 나쁘다는 것을 알고 있습니다. 다만 스스로 감정을 잘 조절하지 못해서 그런 태도가 나오는 것입니다.

　그런데 정말로 내버려 두면 아이는 '부모님을 실망시켰어', '나를 버렸어'라고 느끼고 점점 관계가 꼬이게 됩니다.

　저는 '무슨 일이 있으면 우리한테 기대'라는 위치에 서는 것이 부모에게 좋다고 생각합니다. 직접 그렇게 말하지 않아도 가만히

그 위치에 서 있어주었으면 합니다. '보통은 무리해서 다가가지 않겠지만 무슨 일이 있으면 말해'라는 위치말입니다.

그런 부모의 태도에 이 시기의 아이들은 안심하게 될 것입니다.

제가 삼자 면담보다 양자 면담을 하는 이유

학원강사를 하던 시절에 저는 삼자 면담이 아닌 양자 면담을 더 선호했습니다. 양자 면담을 하면 삼자 면담을 할 때보다 2배의 시간과 노력이 들지만 학생과 보호자를 따로따로 만나 이야기를 나누다 보면 삼자 면담에서는 보이지 않던 것이 아주 잘 보였기 때문입니다.

반항기의 아이들은 평소에는 평범하지만 부모님 앞에 가는 순간에 얼굴색이 변합니다. 아버님, 어머님에 아이가 낀 삼자 면담을 하면, 거의 예외 없이 '공부를 하지 않는다'느니 '스마트폰만 본다'느니 본인 앞에서 불만을 털어놓으니까요.

하지만 아버님, 어머님과 1대1로 대화를 나누면 다들 불만도 있지만 아이를 생각하는 마음이 무엇보다 커서 "뭔가 해주고 싶지만 뭘 해야 할지 모르겠습니다"라고 고민을 토로합니다.

이렇게 양자 면담에서 아버님, 어머님의 속마음을 듣고 나면

"말씀하신 부분을 자녀분에게 전해도 괜찮을까요?"라 묻고 본인에게 그대로 알려줍니다.

그러면 부모의 속마음을 전해들은 아이들도 자신이 걱정을 끼치고 있다, 학원에 다니는데도 성적이 오르지 않아 돈만 낭비하는 것 같아 미안하다며 이런저런 속마음을 털어놓습니다. 그러면 저는 다시 그 말을 부모님에게 전합니다.

어느 날, 한 어머님이 찾아와 아이를 오냐오냐 키워서인지 집에서는 늘 자신을 "짜증나는 할망구야"라고 버릇없이 부른다며 하소연을 했습니다.

그래서 마찬가지로 양자 면담을 했습니다. 그런데 아이는 어머님을 굉장히 생각하고 있었습니다. 자신이 못되게 굴어서 사람들이 불편해한다는 것도 자각하고 있었습니다. 달라져야 한다는 것도 속으로는 알고 있었던 것입니다.

저는 아이의 마음을 어머님에게 고스란히 전했습니다. 아이에게도 "어머님이 너를 이렇게 생각하고 있어. 넌 어머님이 너한테 관심이 없다고 생각하지. 아냐 늘 지켜보고 계셔!"라고 어머님의 속마음을 전했습니다.

참고로 드라마처럼 뭔가 충격적인 일이 일어나서 반항기의 아이들이 다른 사람이 된 것처럼 달라지는 일은 거의 일어나지 않습니다. 기대하지 마세요. 단, 그렇게 해서 서로의 마음을 알게 되면 가족관계는 조금씩 *끈끈해집니다.*

그 아이도 변하는데 2, 3개월이 걸렸죠.

점점 부엌으로 나와서 함께 밥을 먹게 되었고 가끔은 학교에서 있었던 일도 털어놓게 되었다고 나중에 어머님이 알려주었습니다.

코로나 사태의 스트레스에도 주의

인간은 미지의 존재나 경험하지 못한 것에 크게 공포를 느낍니다. 특히나 첫 아이가 입시를 앞두고 있으면 부모도 덩달아 압박을 느끼고 심한 말로 아이를 몰아붙이게 됩니다. 요즘 부쩍 코로나 사태의 영향으로 가족 내의 긴장이 더 높아지지는 않았는지 몹시 걱정이 됩니다.

어쩌니저쩌니 해도 아이들이 마지막으로 의지할 곳은 보호자인 여러분입니다. 서로 부딪힐 때도 있겠지만 '조그만 게'라고 무시하지 말고 아이들이 있을 자리를 잃어버리지 않게 따뜻한 시선으로 지켜봐주세요.

우연한 만남으로 달라진 장래의 꿈

고교 시절, 저는 도쿄가쿠케이대학을 지망했으나 원래는 전문학교에 가려고 했습니다.

음악 콘서트의 공연스태프가 되고 싶었거든요. 왠지 음악과 관련된 일을 하고 싶었고 그렇다면 음향을 다루는 일이라도 해야겠다고 꿈꾼 거죠. 거기에 딱히 명확한 동기가 있는 것은 아니었습니다. 그냥 음악을 하는 사람들이 멋있어 보였을 뿐입니다.

그러다 고등학교 수학 선생님을 만나고 꿈이 '교사'로 바뀌었습니다. 신기하게도 눈앞에 동경하는 존재가 있으니 막연한 꿈이었던 음악을 하는 일과는 하고자 하는 열의부터 현격히 차이가 났습니다.

선생님과 같은 동경하는 존재가 되기 위해 지망한 대학입니다. 내신이 부족했는데도 열심히 공부했던 이유는 선생님이나 아버지, 어머니에게 칭찬을 받고 싶었기 때문입니다.

칭찬이 가장 큰 동기부여가 된 것입니다. 이는 비단 저만 그런 것은 아니겠죠?

그래서 저는 언제, 어떤 인연이 힘이 되어줄 진 모르지만 꾸준히 나아가다 보면 또 좋은 인연을 만날 거라고 생각하고 있습니다.

자신의 그릇을 크게 만들어보자

좋은 일과 나쁜 일은 51대 49로 나뉜다

'인생에서 좋은 일과 나쁜 일은 51대 49로 나뉜다.' 이것은 제가 아주 중요하게 생각하는 말입니다.

학창 시절에는 반 친구들에게 괴롭힘을 당했고, 생각하기도 싫은 일들이 너무나 많아서, '왜 내 인생은 이렇게 고통스러운 것일까?' 고민했었습니다.

하지만 그런 싫은 일에만 주목해봤자 기분이 나아지지 않습니다. 그래서 하늘 보기를 좋아했던 저는 구름 한 점 없는 맑은 하늘을 보면서 기분을 털어내곤 했습니다.

찾아보면 인생에는 작은 행운이 널려 있다고 생각합니다. 하지만 스스로 불행하다고 생각할 때는 불행한 것만 보이게 됩니다.

좋은 일은 언젠가 반드시 일어날 테고, 내 인생을 충실히 살아가다 보면 내게도 그 좋은 일이 많이 일어날 거라고 생각했습니다.

그래서 결심했습니다. 힘든 일이 생기면 그 뒤에 더 좋은 일이

기다리고 있으니 여기서 조금만 더 버텨보자고.

인생의 분기점이 된 한 선생님과의 만남

벌써 여러 번 말했는데, 저에게 '좋은 일'을 대표하는 한 가지는 한 선생님과의 만남이었습니다.

고등학교 시절 만난 젊은 수학 선생님인데, 처음 자기소개를 할 때 "너희들에게 잘 보일 생각은 없어"라고 큰소리치던 모습이 아직도 기억에 남아 있습니다. 솔직히 그때는 "우와, 이 선생님 보통이 아니다!"라고 생각했습니다.

하지만 한 달 정도 배우다 보니 점점 선생님의 장점이 보이기 시작했습니다. 수학을 못하는 저도 선생님의 수업은 쉽게 이해할 수 있었으니까요.

게다가 겉보기에는 전혀 그렇게 보이지 않지만 칠판 글씨도 무척 깔끔했습니다. 그래서인지 수업 내용이 머릿속에 쏙쏙 잘 들어왔고, 선생님 수업을 듣는 것이 즐거웠습니다.

그때까지 저는 선생님이란 존재를 별로 신뢰하지 않았습니다. 하지만 그 젊은 선생님은 달랐습니다.

가령 쉬는 시간에 질문을 하러 가면 늘 성실히 답해주었습니다.

다른 선생님은 "바쁘니까 나중에"라고 대충 넘어가기도 했는데, 젊은 선생님은 그런 적이 한 번도 없었습니다.

성적을 올리기 위해 학생들에게 누구보다 엄격했고 무척 무서운 선생님이었으나 어느 샌가 그렇게 행동하는데도 다 이유가 있겠지, 하는 굳은 믿음이 생겼습니다.

그래서 저는 '나도 교사가 되고 싶다'고 생각하게 되었고 '그 선생님 같은 어른이 되고 싶다'고 생각했습니다. 내신을 올리고 희망하는 대학에 들어가서 수학 교원자격증을 딴 것도 선생님과의 만남이 시작이었습니다.

공부 잘하는 친구의 여유도 배우면서

롤모델로 삼고 싶은 사람을 예로 들면, 보통 동급생 중에 소녀만화 주인공처럼 공부도 잘하고 동아리 활동도 열심히 하는 멋지고 성격도 좋은 정말로 완벽해 보이는 아이를 꼽죠.

그들과 자신을 비교하여 열등감을 느끼는 아이도 있습니다. 하지만 그들과 다른 점은 외모나 운동신경 같은 것이 아니었습니다. '자신감이 있느냐 없느냐'의 유무죠. 자신감이 근사한 여유를 만들어냅니다.

완벽해 보이는 그 아이도 결과를 낼 때까지 열심히 노력했을 것입니다. 노력에 따라 성과를 낸 것이 자신감이 된 것이고요.

여유가 생기면 누구에게나 친절하게 대할 수 있습니다. 그리고 자신의 수준을 올리기 위해 더욱더 열심히 노력하게 됩니다.

이런 여유를 갖는 것이 어른에게는 무엇보다 중요한데, 여러분은 지금 여유를 만드는 그릇을 크게 키우는 단계에 있다고 할 수 있습니다. 그러한 이유로 열심히 공부하는 것이고요. 그것이 공부를 열심히 하는 이유이기도 합니다.

부디 자신을 성장시킬 수 있는 수단으로 이 책과 저의 수업 동영상을 마음껏 활용해주길 바랍니다.

원래 유튜브에 수업 동영상을 올리기 시작한 계기는 학원에 가고 싶어도 가지 못하는 아이들이 집에서라도 공부하기를 바라는 마음에서였습니다. 더 나아지고 싶어도 자력으로는 그러한 기회를 잡기 어려운 아이들을 위해서 말이죠.

가정에 따른 소득 차이가 교육의 차이로 이어지는 현실을 보고 머리로는 이해해도 마음으로는 이해하기가 어려웠습니다.

그래서 아이들이 자신의 의지로 고를 수 있는 무료 교육이 필요하다고 느꼈습니다. 마침 유튜브의 등장은 저의 바람을 실현할 수 있는 기회였습니다. 유튜브를 통해 아이들에게 무료로 배울 수 있는 프리러닝을 제공할 수 있었으니까요.

시간이 지나고 교육 유튜브가 널리 인지되면서 중학생을 대상으로 하는 콘텐츠가 주력인 제 채널도 여러 미디어에 소개되었습니다.

이 새로운 교육의 장을 이끌어가는 일원으로서 앞으로도 쭉 공헌할 수 있기를 간절히 바랍니다.

교육 유튜버 **하이치**(葉一)

옮긴이 | **전경아**

중앙대학교를 졸업하고, 현재 번역 에이전시 엔터스코리아 일본어 전문 번역가로 활동하고 있다.
주요 역서로는《아이의 두뇌습관을 바꿔라》《외동아이 잘 키우는 55가지 지혜》《똑똑한 나를 만
드는 철학 사용법》《흔들리지 않는 연습》《나를 위해 일한다는 것》《유리멘탈을 위한 심리책》《세
상에서 가장 쉬운 퍼실리테이션》《혼자서도 강한 사람》 등의 다수가 있다.

집공부 강화서 强化書

1등급으로 가는 공부법

1판 1쇄 발행 2022년 4월 14일

지 은 이 | 하이치
옮 긴 이 | 전경아

발 행 인 | 최봉규
발 행 처 | 지상사(청홍)
등록번호 | 제2017-000075호
등록일자 | 2002. 8. 23.

주   소 | 서울 용산구 효창원로64길 6(효창동) 일진빌딩 2층
우편번호 | 04317
전화번호 | 02)3453-6111 **팩시밀리** | 02)3452-1440
홈페이지 | www.cheonghong.com
이 메 일 | jhj-9020@hanmail.net

한국어판 출판권 ⓒ 지상사(청홍), 2022
ISBN 978-89-6502-315-9 03370

세상에서 가장 쉬운 통계학 입문

고지마 히로유키 | 박주영

이 책은 복잡한 공식과 기호는 하나도 사용하지 않고 사칙연산과 제곱, 루트 등 중학교 기초수학만으로 통계학의 기초를 확실히 잡아준다. 마케팅을 위한 데이터 분석, 금융상품의 리스크와 수익률 분석, 주식과 환율의 변동률 분석 등 쏟아지는 데이터…

값 12,800원 | 신국판(153x224) | 240쪽
ISBN 978-89-90994-00-4 | 2009/12 발행

세상에서 가장 쉬운 베이즈통계학 입문

고지마 히로유키 | 장은정

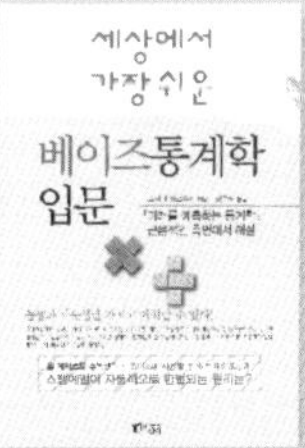

베이즈통계는 인터넷의 보급과 맞물려 비즈니스에 활용되고 있다. 인터넷에서는 고객의 구매 행동이나 검색 행동 이력이 자동으로 수집되는데, 그로부터 고객의 '타입'을 추정히려면 전통적이 통계학보다 베이즈통계를 활용하는 편이 압도적으로 뛰어나기 때문이다.

값 15,500원 | 신국판(153x224) | 300쪽
ISBN 978-89-6502-271-8 | 2017/4 발행

만화로 아주 쉽게 배우는 통계학

고지마 히로유키 | 오시연

비즈니스에서 통계학은 필수 항목으로 자리 잡았다. 그 배경에는 시장 동향을 과학적으로 판단하기 위해 비즈니스에 마케팅 기법을 도입한 미국 기업들이 많다. 마케팅은 소비자의 선호를 파악하는 것이 가장 중요하다. 마케터는 통계학을 이용하여 시장조사 한다.

값 15,000원 | 국판(148x210) | 256쪽
ISBN 978-89-6502-281-7 | 2018/2 발행

문과 출신도 쉽게 배우는 통계학

다카하시 신, 고 가즈키 | 오시연

빅데이터, 데이터 사이언스, 데이터 드리븐 경영 등 최근 비즈니스 분야에서는 툭하면 '데이터'라는 단어가 따라다닌다. 그때 종종 같이 얼굴을 내미는 녀석이 통계학이다. 만약 수학을 싫어하는 사람들을 모아서 '아주 편리해 보이지만 잘 모르는 학문 순위'를 만든다면…

값 16,000원 | 신국판(153x224) | 240쪽
ISBN 978-89-6502-311-1 | 2022/2 발행

대입—편입 논술 합격 답안 작성 핵심 요령 150

김태희

시험에서 합격하는 비결은 생각 밖으로 단순하다. 못난이들의 경합에서 이기려면, 시험의 본질을 잘 알고서 그것에 맞게 올곧게 공부하는 것이다. 그러려면 평가자인 대학의 말을 귀담아들을 필요가 있다. 대학이 정부의 압력에도 불구하고 논술 시험을 고수하는 이유는….

값 22,000원 | 신국판(153x225) | 360쪽
ISBN 978-89-6502-301-2 | 2021/2 발행

독학 편입논술

김태희

이 책은 철저히 편입논술에 포커스를 맞췄다. 편입논술 합격을 위해 필요한 많은 것들을 꾹꾹 눌러 채워 넣었다. 전체 8장의 단원으로 구성되었지만, 굳이 순서대로 공부할 필요는 없다. 각 단원을 따로 공부하는데 불편함이 없도록, 겹겹이 그리고 자세히 설명했다.

값 45,500원 | 사륙배판(188x257) | 528쪽
ISBN 978-89-6502-282-4 | 2018/5 발행